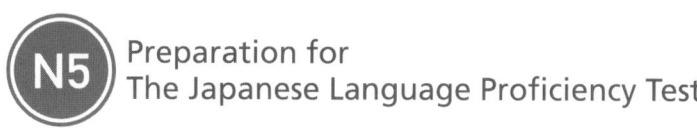

# Preparation for The Japanese Language Proficiency Test  N5

## 15日間で確実な基礎固め！
# 日本語能力試験対策

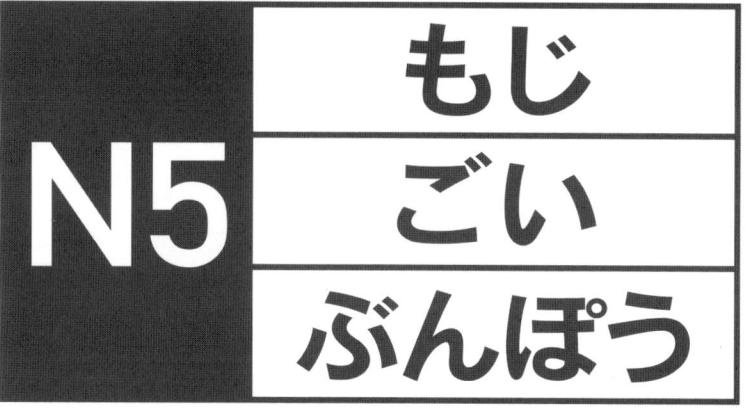

N5 もじ・ごい・ぶんぽう

遠藤ゆう子 著　遠藤由美子 監修

三修社

## はじめに

本書は日本語能力試験N5を受験する皆さんのための学習教材です。N5の試験の中でも特に言語知識（文字・語彙・文法）の分野が強みとなることを狙っています。文字、語彙、文法それぞれの重要ポイントを整理し、確認として練習問題を行います。最後のまとめテストは読解も含んで構成され、本試験に活かしていただくことができます。

また、本書は日本語初級の基礎固めをしたい方や知識として日本語の基礎を勉強したい方にも独習用の教材として役立ちます。本書にある学習項目をマスターして、次のステップへと進んでいきましょう。

皆さんのそれぞれの夢に近づくためのサポートが本書にできれば幸いです。どうぞご活用ください。

## ＜本書の特長と使い方＞

### ● N5出題範囲をカバー

文字、語彙、文法においてN5で出題される項目をほぼカバーしていますので、無駄がなくポイントを絞った学習が可能です。一日の学習分ごとに重要ポイントが整理されていますので、それを読んで充分理解するようにしてください。

### ● 学習計画が立てやすい

文字、語彙、文法の3分野を全て毎日数ページずつ学習し、15日間で学習が終了します。6〜9ページの目次にある「けいかく」を使い、計画を立てて勉強しましょう。

### ● 確実なステップで習得

1日分の学習は「ポイント整理→練習問題」という作りになっています。理解しているかどうか確認しながら学習が進められます。練習問題は本試験の出題形式に倣っていますので、試験問題のパターンに慣れることもできます。練習問題で間違えた箇所はそのままにせず、重要ポイントをもう一度読んで復習し、実力をつけていきましょう。

### ● 対訳つきで独習がスムーズ

語彙や文法例文には英語とベトナム語の翻訳がついていますので、個人学習に役立てることができます。

### ● 実力だめしができる

最後にまとめテストを3つ用意しました。それまで学習した文字、語彙、文法に加え、読解の問題もありますので、本試験でどのくらい力が発揮できるか参考にすることができます。50点中35点以上を目指してください。

## < Foreword >

This book provides learning materials to prepare for the N5 level of the Japanese-Language Proficiency Test (JLPT). Its primary focus is on reinforcing the knowledge of language – characters, vocabulary and grammar – required at the N5 level. It allows you to prepare for the test by identifying the key points for each of these three fields, and by reviewing them with exercises. The final tests recapitulate all these points, along with elements of reading.

This book can also help you study or consolidate the foundations of elementary Japanese. Mastering the elements included here will provide a stepping stone to the next level.

Our hope is that this book will help you reach your own objectives.

## < Features of this book and how to use it >

### Comprehensive coverage of the N5 test
This book covers most of the questions about characters, vocabulary and grammar that appear in the N5 test, and allows you to study specific points efficiently. The key points for each day's worth of study are summarized, so make sure you understand them well before proceeding further.

### Easy study planning
The three fields (characters, vocabulary and grammar) are designed to be completed in 15 days at a pace of several pages per day. Please refer to the study plan section on page 6-9 to create your own schedule.

### Step-by-step learning
Each day's worth of study starts with key points followed by exercises. This allows you to check your understanding of each point before you proceed further. The exercises are modeled after the JLPT test to make you more familiar with the actual question patterns. If you get one of the answers wrong, don't overlook it. Go back to the explanation of the corresponding key point to consolidate your learning.

### Translations for smoother self-study
The vocabulary and example sentences are accompanied by English and Vietnamese translations to ensure an easier experience if you're studying on your own.

### Testing your skills
The final step is a series of three tests. They include questions about reading comprehension, in addition to the characters, vocabulary and grammar covered by this book, to evaluate your preparedness for the N5 test. You should aim for a score of at least 35 out of 50 points.

## < LỜI MỞ ĐẦU >

Cuốn sách này là tài liệu học tập dành cho những bạn sẽ tham dự kỳ thi Năng lực tiếng Nhật JLPT N5. Và nội dung cuốn sách nhắm đến việc củng cố chắc chắn các nội dung trong bài thi N5, đặc biệt là kiến thức ngôn ngữ (chữ viết, từ vựng, ngữ pháp). Sau khi sắp xếp điểm quan trọng của mỗi mục chữ viết, từ vựng, ngữ pháp, có thể làm bài luyện tập để tự mình kiểm tra. Cuối cùng có bài kiểm tra tổng hợp được thiết kế bao gồm cả bài đọc hiểu, để các bạn có thể vận dụng vào bài thi.

Hơn nữa, cuốn sách này cũng là một tài liệu rất có ích với những bạn muốn củng cố phần cơ bản của tiếng Nhật sơ cấp hay những bạn muốn học kiến thức cơ bản của tiếng Nhật. Hãy nắm chắc các phần kiến thức có trong cuốn sách này và học lên trình độ tiếp theo.

Với cuốn sách này, chúng tôi rất mong có thể hỗ trợ các bạn tiếp cận gần hơn với giấc mơ của mình.

## < ĐẶC TRƯNG VÀ CÁCH SỬ DỤNG SÁCH >

### ●Bao quát nội dung ra đề N5
Cuốn sách này bao quát hầu hết các mục xuất hiện trong đề chữ viết, từ vựng, ngữ pháp N5 nên có thể chắt lọc những phần quan trọng để học hiệu quả, không lãng phí. Hơn nữa sách được sắp xếp khoa học các điểm quan trọng theo từng ngày nên hãy học và nắm vững nội dung từng bài.

### ●Dễ lập kế hoạch học tập
3 phần chữ viết, từ vựng, ngữ pháp mỗi phần đều có thể hoàn thành trong 15 ngày học tập. Các phần chữ viết, từ vựng, ngữ pháp đều có thể học mỗi ngày vài trang, và hoàn thành tất cả các phần trong vòng 15 ngày.

### ●Học từng bước chắc chắn
Phần học của mỗi ngày đều được thiết kế theo hình thức "sắp xếp điểm quan trọng→bài luyện tập". Cho nên vừa học vừa có thể tự kiểm tra xem mình có hiểu bài không. Những bài luyện tập mô phỏng theo hình thức ra đề của kỳ thi Năng lực tiếng Nhật nên các bạn có thể làm quen với dạng đề thi. Khi làm sai thì không nên bỏ qua mà cần ôn tập lại nội dung quan trọng của phần đó một lần nữa, củng cố thực lực của mình.

### ●Có phần dịch kèm hỗ trợ tự học
Từ vựng và câu ví dụ trong phần ngữ pháp có phần dịch tiếng Anh và tiếng Việt nên rất hữu ích cho việc tự học.

### ●Tự kiểm tra thực lực
Phần cuối có 3 bài kiểm tra tổng hợp, ngoài phần kiến thức chữ viết, từ vựng, ngữ pháp còn có phần đọc hiểu nên có thể tham khảo xem khi đi thi thực tế mình phát huy được bao nhiêu khả năng. Hãy cố gắng dành được 35 trong tổng số 50 điểm.

| | | | けいかく |
|---|---|---|---|
| | もじ ...... 11 | | |
| 1日目 いちにちめ | カタカナ ...... 12<br>kata-kana　Katakana | | 月　日 |
| 2日目 ふつかめ | カレンダー ...... 14<br>Calendar　Lịch | | 月　日 |
| 3日目 みっかめ | かず ...... 16<br>Numbers　Số lượng | | 月　日 |
| 4日目 よっかめ | 人(ひと) ...... 18<br>People　Con người | | 月　日 |
| 5日目 いつかめ | 体(からだ) ...... 20<br>Body　Cơ thể | | 月　日 |
| 6日目 むいかめ | ばしょ ...... 22<br>Location　Địa điểm | | 月　日 |
| 7日目 なのかめ | 時間(じかん) ...... 24<br>Time　Thời gian | | 月　日 |
| 8日目 ようかめ | しぜん ...... 26<br>Nature　Thiên nhiên | | 月　日 |
| 9日目 ここのかめ | まち ...... 28<br>Town　Phố xá | | 月　日 |
| 10日目 とおかめ | けいようし (1) ...... 30<br>Adjectives (1)　Tính từ (1) | | 月　日 |
| 11日目 じゅういちにちめ | けいようし (2) ...... 32<br>Adjectives (2)　Tính từ (2) | | 月　日 |
| 12日目 じゅうににちめ | どうし (1) ...... 34<br>Verbs (1)　Động từ (1) | | 月　日 |
| 13日目 じゅうさんにちめ | どうし (2) ...... 36<br>Verbs (2)　Động từ (2) | | 月　日 |
| 14日目 じゅうよっかめ | そのほか ...... 38<br>Others　Ngoài ra | | 月　日 |
| 15日目 じゅうごにちめ | まとめ ...... 40<br>Recapitulation　Tổng kết | | 月　日 |
| | もじ　クイズ ...... 42 | | 月　日 |

| | | | けいかく |
|---|---|---|---|
| | **ごい** .................................................... 43 | | |

| | | | | | |
|---|---|---|---|---|---|
| 1日目 いちにちめ | カレンダー・じかん ............... | 44 | | 月 | 日 |
| | Calendar / Time　Lịch / Thời gian | | | | |
| 2日目 ふつかめ | かず ................................................ | 50 | | 月 | 日 |
| | Numbers　Số lượng | | | | |
| 3日目 みっかめ | ひと ................................................ | 54 | | 月 | 日 |
| | Person　Con người | | | | |
| 4日目 よっかめ | からだ／ばしょ ........................ | 58 | | 月 | 日 |
| | Body / Place　Cơ thể / Địa điểm | | | | |
| 5日目 いつかめ | たてもの／まち ........................ | 62 | | 月 | 日 |
| | Buildings / Town　Nhà cửa / Phố xá | | | | |
| 6日目 むいかめ | みのまわり ................................... | 66 | | 月 | 日 |
| | Everyday things　Vật dụng hàng ngày | | | | |
| 7日目 なのかめ | しぜん／たべもの ................... | 70 | | 月 | 日 |
| | Nature/Food　Thiên nhiên / Đồ ăn | | | | |
| 8日目 ようかめ | べんきょう／しゅみ ............... | 74 | | 月 | 日 |
| | Study / Hobbies　Học tập / Thú vui | | | | |
| 9日目 ここのかめ | カタカナの ことば ................. | 78 | | 月 | 日 |
| | Foreign words　Từ ngoại lai | | | | |
| 10日目 とおかめ | どうし（1） ................................ | 82 | | 月 | 日 |
| | Verbs (1)　Động từ (1) | | | | |
| 11日目 じゅういちにちめ | どうし（2） ................................ | 86 | | 月 | 日 |
| | Verbs (2)　Động từ (2) | | | | |
| 12日目 じゅうににちめ | どうし（3） ................................ | 90 | | 月 | 日 |
| | Verbs (3)　Động từ (3) | | | | |
| 13日目 じゅうさんにちめ | けいようし（1） ....................... | 94 | | 月 | 日 |
| | Adjectives (1)　Tính từ (1) | | | | |
| 14日目 じゅうよっかめ | けいようし（2） ....................... | 98 | | 月 | 日 |
| | Adjectives (2)　Tính từ (2) | | | | |
| 15日目 じゅうごにちめ | そのほか ....................................... | 102 | | 月 | 日 |
| | Others　Ngoài ra | | | | |
| | ごい　クイズ ................................................ | 106 | | 月 | 日 |

7

## ぶんぽう .................................................... 107 　けいかく

| | | |
|---|---|---|
| 1日目 いちにちめ | こ・そ・あ・ど<br>あります・います .................................... 108 | 月　日 |
| 2日目 ふつかめ | いつ、だれ、なに etc.<br>なにか・なにも etc.　～から ............ 112 | 月　日 |
| 3日目 みっかめ | けいようし（1） ........................................ 116<br>Adjectives (1)　Tính từ (1) | 月　日 |
| 4日目 よっかめ | けいようし（2） ........................................ 120<br>Adjectives (2)　Tính từ (2) | 月　日 |
| 5日目 いつかめ | どうし（1） .............................................. 124<br>Verbs (1)　Động từ (1) | 月　日 |
| 6日目 むいかめ | どうし（2） .............................................. 128<br>Verbs (2)　Động từ (2) | 月　日 |
| 7日目 なのかめ | どうし（3） .............................................. 132<br>Verbs (3)　động từ (3) | 月　日 |
| 8日目 ようかめ | どうし（4） .............................................. 136<br>Verbs (4)　động từ (4) | 月　日 |
| 9日目 ここのかめ | どうし（5） .............................................. 140<br>Verbs (5)　động từ (5) | 月　日 |
| 10日目 とおかめ | せつ　etc. ................................................ 146<br>Clause　Cụm từ | 月　日 |
| 11日目 じゅういちにちめ | じょし（1） .............................................. 150<br>postpositional particles (1)　Trợ từ (1) | 月　日 |
| 12日目 じゅうににちめ | じょし（2） .............................................. 156<br>postpositional particles (2)　Trợ từ (2) | 月　日 |
| 13日目 じゅうさんにちめ | せつぞくし ............................................... 162<br>Conjunctions　Từ nối | 月　日 |
| 14日目 じゅうよっかめ | そのほか .................................................. 166<br>Others　Ngoài ra | 月　日 |

| | | | |
|---|---|---|---|
| 15日目<br>じゅうごにちめ | ぶんしょうのぶんぽう ..................<br>Text grammar<br>Quan hệ ngữ pháp trong văn bản | 170 | 月　　日 |
| ぶんぽう | かいわひょうげん .......................... | 174 | 月　　日 |

## まとめテスト .................................... 175　けいかく

| | | | |
|---|---|---|---|
| 1 回目<br>いっ かい め | まとめテスト ❶ ..........................<br>Test ❶　Bài kiểm tra tổng hợp ❶ | 176 | 月　　日 |
| 2 回目<br>に かい め | まとめテスト ❷ ..........................<br>Test ❷　Bài kiểm tra tổng hợp ❷ | 182 | 月　　日 |
| 3 回目<br>さん かい め | まとめテスト ❸ ..........................<br>Test ❸　Bài kiểm tra tổng hợp ❸ | 188 | 月　　日 |

さくいん ................................................. 195

### <べんきょうした日(ひ)>

べんきょうが おわったら ここに ひにちを かきましょう。

|  | もじ | ごい | ぶんぽう |
|---|---|---|---|
| 1日目(いちにちめ) | 月　　日 | 月　　日 | 月　　日 |
| 2日目(ふつかめ) | 月　　日 | 月　　日 | 月　　日 |
| 3日目(みっかめ) | 月　　日 | 月　　日 | 月　　日 |
| 4日目(よっかめ) | 月　　日 | 月　　日 | 月　　日 |
| 5日目(いつかめ) | 月　　日 | 月　　日 | 月　　日 |
| 6日目(むいかめ) | 月　　日 | 月　　日 | 月　　日 |
| 7日目(なのかめ) | 月　　日 | 月　　日 | 月　　日 |
| 8日目(ようかめ) | 月　　日 | 月　　日 | 月　　日 |
| 9日目(ここのかめ) | 月　　日 | 月　　日 | 月　　日 |
| 10日目(とおかめ) | 月　　日 | 月　　日 | 月　　日 |
| 11日目(じゅういちにちめ) | 月　　日 | 月　　日 | 月　　日 |
| 12日目(じゅうににちめ) | 月　　日 | 月　　日 | 月　　日 |
| 13日目(じゅうさんにちめ) | 月　　日 | 月　　日 | 月　　日 |
| 14日目(じゅうよっかめ) | 月　　日 | 月　　日 | 月　　日 |
| 15日目(じゅうごにちめ) | 月　　日 | 月　　日 | 月　　日 |
| | まとめテスト ||||
| 1回目(いっかいめ) | 月　　日 | | |
| 2回目(にかいめ) | 月　　日 | | |
| 3回目(さんかいめ) | 月　　日 | | |

# Part 1
# もじ

- ことばの いみも いっしょに べんきょうしましょう。
- かんじは なんども かいて おぼえましょう。
- せいかくに おぼえて、かくじつに てんを とりましょう。

もじ
１日目
いちにちめ

## カタカナ Kata-kana / Katakana

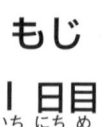

さあ、べんきょう スタート！

| ア | イ | ウ | エ | オ |
|---|---|---|---|---|
| カ | キ | ク | ケ | コ |
| サ | シ | ス | セ | ソ |
| タ | チ | ツ | テ | ト |
| ナ | ニ | ヌ | ネ | ノ |
| ハ | ヒ | フ | ヘ | ホ |
| マ | ミ | ム | メ | モ |
| ヤ |   | ユ |   | ヨ |
| ラ | リ | ル | レ | ロ |
| ワ |   |   |   | ヲ |
| ン |   |   |   |   |

| ガ | ギ | グ | ゲ | ゴ |
|---|---|---|---|---|
| ザ | ジ | ズ | ゼ | ゾ |
| ダ | ヂ | ヅ | デ | ド |
| バ | ビ | ブ | ベ | ボ |
| パ | ピ | プ | ペ | ポ |

| キャ | キュ | キョ |
|---|---|---|
| シャ | シュ | ショ |
| チャ | チュ | チョ |
| ニャ | ニュ | ニョ |
| ヒャ | ヒュ | ヒョ |
| ミャ | ミュ | ミョ |
| リャ | リュ | リョ |

| ギャ | ギュ | ギョ |
|---|---|---|
| ジャ | ジュ | ジョ |
| ビャ | ビュ | ビョ |
| ピャ | ピュ | ピョ |

〈れい〉

テニス

サッカー

ギター

コンピューター

ジュース

もじ 1日目

## 【れんしゅう】

もんだい1　どう　かきますか。

1) まいにち、じょぎんぐを　します。
   1　ジョギング　　2　ヅョギング　　3　ザョギング　　4　ズョギング

2) らーめんを　たべました。
   1　ラーミン　　2　ラーメン　　3　ワーミン　　4　ワーメン

3) しゃわーのあと、あさごはんを　たべます。
   1　シャウー　　2　ツャウー　　3　シャワー　　4　ツャワー

4) でぱーとで　かいものします。
   1　ブパート　　2　ヂパート　　3　デパート　　4　ジパート

5) ふぃるむは　ここに　あります。
   1　ヒィルム　　2　フィルム　　3　ハィルム　　4　ホィルム

6) テレビで　にゅーすを　ききました。
   1　ナュース　　2　ナゥース　　3　ニゥース　　4　ニュース

 15ページで　こたえを　かくにん！

 得点　／6

◆ P.42の解答　　1) ①六月　②月　③火　④水　⑤金　⑥土　⑦年
　　　　　　　　2) ⑧目　⑨耳　⑩口　⑪手　⑫足

もじ 2日目（ふつかめ）

## カレンダー  Calendar / Lịch

にている かんじに きを つけよう。

| 漢字 | 読み | 例 |
|---|---|---|
| 月 | ゲツ, ガツ / つき | 月よう日, 四月 / 月を見る |
| 火 | カ / ひ | 火よう日 / 火は あぶない |
| 水 | スイ / みず | 水よう日 / プールの 水 |
| 木 | モク / き | 木よう日 / 高い 木 |
| 金 | キン / かね | 金よう日 / お金 |
| 土 | ド / つち | 土よう日 |
| 日 | ニチ / ひ, か | 日よう日, 10月29日 / 5月8日 |
| 週 | シュウ | 一週間, 先週, 来週 |
| 年 | ネン / とし | 2025年 / 来年, 今年 |
| 毎 | マイ | 毎日, 毎年 |

14

もじ 2日目

## 【れんしゅう】

**もんだい1** どう よみますか。

1) <u>土</u>よう日は なにを しましたか。
　　1 もくようび　2 かようび　3 どようび　4 にちようび

2) <u>水</u>が のみたいです。
　　1 みず　　2 つち　　3 すい　　4 さけ

3) ぎんこうで <u>お金</u>を だします。
　　1 おきん　　2 おとし　　3 おかね　　4 おつき

**もんだい2** どう かきますか。

4) <u>まいにち</u> 6じに おきます。
　　1 毎回　　2 毎日　　3 海回　　4 海日

5) <u>せんしゅう</u> きょうとへ いきました。
　　1 生周　　2 生週　　3 先周　　4 先週

6) <u>つき</u>が きれいですね。
　　1 円　　2 舟　　3 目　　4 月

17ページで こたえを かくにん！

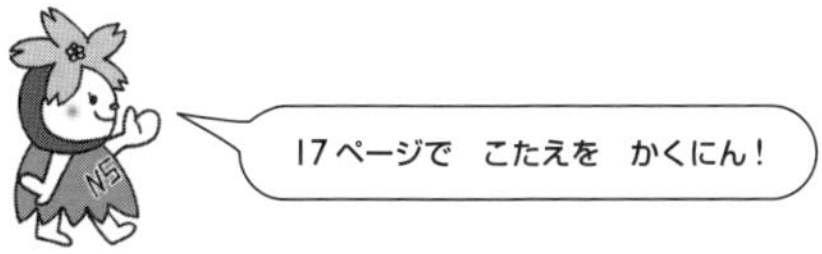

得点　／6

◆ P.13の解答　　1) 1　2) 2　3) 3　4) 3　5) 2　6) 4

15

# もじ 3日目 みっかめ

## かず / Numbers / Số lượng

| 一 | イチ（イツ）<br>ひと‐つ | 一年，一か月<br>いちねん　いっ　げつ<br>一人，一つ<br>ひとり　ひと |
|---|---|---|
| 二 | ニ<br>ふた‐つ | 二月<br>に　がつ<br>二人，二つ<br>ふたり　ふた |
| 三 | サン<br>みっ‐つ | 三人<br>さんにん<br>三つ<br>みっ |
| 四 | シ<br>よん，よ，よっ‐つ | 四月<br>し　がつ<br>四本，四人<br>よんほん　よ　にん |
| 五 | ゴ<br>いつ‐つ | 五月五日<br>ご　がついつ　か |
| 六 | ロク（ロッ）<br>むっ‐つ | 六年<br>ろくねん<br>六つ<br>むっ |
| 七 | シチ<br>なな‐つ | 七月<br>しちがつ<br>七かい<br>なな |
| 八 | ハチ（ハッ）<br>よう，やっ‐つ | 八月，八週間<br>はちがつ　はっしゅうかん<br>八日<br>よう　か |
| 九 | キュウ，ク<br>ここの‐つ | 九年，九月<br>きゅうねん　く　がつ<br>九つ<br>ここの |
| 十 | ジュウ（ジッ，ジュッ）<br>とお | 十月<br>じゅうがつ<br>十日<br>とお か |
| 百 | ヒャク（ヒャッ，ビャク，ピャク） | 百人，百本，三百円<br>ひゃくにん　ひゃっぽん　さんびゃくえん |
| 千 | セン（ゼン） | 千人，三千円<br>せんにん　さんぜんえん |
| 万 | マン | 一万円<br>いちまんえん |
| 円 | エン | 五円<br>ご　えん |

16

もじ　3日目

## 【れんしゅう】

**もんだい1**　どう　よみますか。

1) たんじょうびは　九月　とおかです。
　　1　きゅうがつ　　2　くがつ　　3　ここがつ　　4　ここのがつ

2) 四万円を　ドルに　かえます。
　　1　しまんえん　　2　しっまんえん　　3　よんまんえん　　4　よまんえん

3) コンサートに　千人ぐらい　きました。
　　1　まんにん　　2　せんにん　　3　ひゃくにん　　4　じゅうにん

**もんだい2**　どう　かきますか。

4) これは　ひゃくえん　です。
　　1　日円　　2　白円　　3　百円　　4　頁円

5) りんごを　やっつ　ください。
　　1　二つ　　2　四つ　　3　六つ　　4　八つ

6) ともだちと　ふたりで　りょこうしました。
　　1　二人　　2　三人　　3　二日　　4　三日

 19ページで　こたえを　かくにん！

 得点　／6

◆ P.15の解答　　1) 3　　2) 1　　3) 3　　4) 2　　5) 4　　6) 4

17

# もじ 4日目 よっかめ

**人** ひと  People / Con người

| | | |
|---|---|---|
| 人 | ジン, ニン<br>ひと | 日本人, 五人<br>にほんじん ごにん<br>人が多い<br>ひと おお |
| 父 | ちち | わたしの父<br>ちち |
| 母 | はは | 母の日<br>はは ひ |
| 子 | シ<br>こ | 子ども, 山下さんの子<br>こ やました こ |
| 男 | ダン<br>おとこ | 男子学生<br>だんしがくせい<br>男の人<br>おとこ ひと |
| 女 | ジョ<br>おんな | 女子<br>じょし<br>女の子<br>おんな こ |
| 学 | ガク | 大学, 学校<br>だいがく がっこう |
| 生 | セイ<br>う-まれる | 学生<br>がくせい<br>日本で生まれました<br>にほん う |
| 先 | セン<br>さき | 先生<br>せんせい<br>先に行きます<br>さき い |
| 友 | とも | 友だち<br>とも |

もじ 4日目

## 【れんしゅう】

**もんだい1** どう よみますか。

1) ドアの まえに 女の ひとが います。
　　1　おんな　　2　おな　　3　おとこ　　4　おこ

2) 大学は どこに ありますか。
　　1　がっこう　　2　がくせい　　3　こうこう　　4　だいがく

3) 父は ホンコンに すんでいます。
　　1　はは　　2　ちち　　3　あね　　4　あに

**もんだい2** どう かきますか。

4) ここは ひとが おおいですね。
　　1　イ　　2　十　　3　入　　4　人

5) わたしは とうきょうで うまれました。
　　1　主まれ　　2　矢まれ　　3　生まれ　　4　壬まれ

6) たなかさんは さきに かえりました。
　　1　子に　　2　生に　　3　先に　　4　友に

 21ページで こたえを かくにん！

◆ P.17の解答　　1) 2　2) 3　3) 2　4) 3　5) 4　6) 1

もじ
5日目
いつかめ

 体(からだ) Body / Cơ thể

| 口 | くち | 大きい 口, 駅の かいさつ口<br>おお　くち　えき　　　　　ぐち |
|---|---|---|
| 目 | め | 目を あけます, 一日目<br>め　　　　　　　いちにちめ |
| 耳 | みみ | 耳が いたいです<br>みみ |
| 手 | て | 手を あらいます, 右手, 手がみ<br>て　　　　　　みぎて　て |
| 足 | あし | 足が 長いです, 左足<br>あし　なが　　　ひだりあし |
| 体 | からだ | 小さい 体<br>ちい　　からだ |

20

もじ 5日目

【れんしゅう】

もんだい1　どう　よみますか。

1）きっ手を　かいます。
　　1　きって　　2　きっぷ　　3　きっめ　　4　きっか

2）えきの　ひがし口を　でてください。
　　1　ひがしろ　　2　ひがして　　3　ひがしこう　　4　ひがしぐち

3）あには　体が　おおきいです。
　　1　やすみ　　2　からだ　　3　たい　　4　せい

もんだい2　どう　かきますか。

4）あの　おんなの　ひとは　あしが　ながいです。
　　1　呈　　2　足　　3　圭　　4　走

5）きれいな　めですね。
　　1　口　　2　日　　3　目　　4　見

6）みみが　つめたいです。
　　1　貝　　2　其　　3　耳　　4　身

23ページで　こたえを　かくにん！

得点　　／6

◆ P.19の解答　　1）1　2）4　3）2　4）4　5）3　6）3

# もじ 6日目 / ばしょ

**Location / Địa điểm**

| 上 | うえ | つくえの上　※上手(じょうず) |
|---|---|---|
| 中 | チュウ（ジュウ）<br>なか | 中学生, 電話中, 一日中<br>車の中 |
| 下 | した | テーブルの下 |
| 右 | みぎ | 右足(みぎあし) |
| 左 | ひだり | 左にまがります |
| 外 | ガイ<br>そと | 外国(がいこく)<br>へやの外へ出ます |
| 東 | トウ<br>ひがし | 東京(とうきょう)<br>東がわ |
| 西 | にし | 西口(にしぐち) |
| 南 | みなみ | 南アメリカ |
| 北 | きた | 北ヨーロッパ |

## 【れんしゅう】

### もんだい1　どう　よみますか。

1）デパートは　えきの　<u>南口</u>に　あります。

1　ひがしぐち　　2　にしぐち　　3　みなみぐち　　4　きたぐち

2）<u>左手</u>で　かばんを　もちます。

1　じょうず　　2　ひだりて　　3　みぎて　　4　りょうて

3）いま、しごと<u>中</u>ですから、いそがしいです。

1　ちゅう　　2　じゅう　　3　ちょう　　4　じょう

### もんだい2　どう　かきますか。

4）かわの　<u>ひがし</u>がわに　やまが　あります。

1　束　　2　東　　3　車　　4　角

5）<u>そと</u>は　とても　さむいです。

1　トタ　　2　夘　　3　外　　4　多

6）ソファの　<u>した</u>に　ねこが　います。

1　左　　2　右　　3　上　　4　下

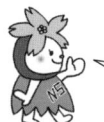

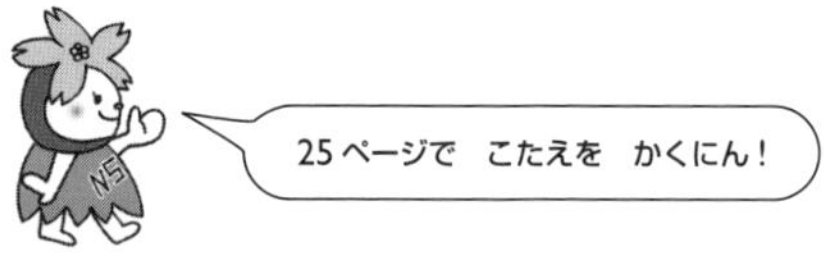
25ページで　こたえを　かくにん！

得点（とくてん）　／6

◆ P.21の解答（かいとう）　1）1　2）4　3）2　4）2　5）3　6）3

もじ
ごい
ぶんぽう
テスト

# もじ 7日目(なのかめ)

## 時間(じかん)
Time
Thời gian

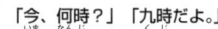
「今(いま)、何時(なんじ)?」「九時(くじ)だよ。」

| 時 | ジ<br>とき | 七時(しちじ)<br>子(こ)どもの 時(とき) |
|---|---|---|
| 間 | カン<br>あいだ | 時間(じかん), 一週間(いっしゅうかん)<br>休(やす)みの 間(あいだ) |
| 分 | フン(ブン, プン) | 二分(にふん), 一時三分(いちじさんぷん) |
| 半 | ハン | 八時半(はちじはん), 半分(はんぶん) |
| 今 | コン<br>いま | 今週(こんしゅう)<br>今(いま) 六時(ろくじ)です　※今日(きょう) |
| 何 | なに(なん) | 何(なに)を 飲(の)みますか, 何時(なんじ)ですか |
| 午 | ゴ | 午前四時(ごぜんよじ) |
| 前 | ゼン<br>まえ | 午前中(ごぜんちゅう)<br>3か月前(げつまえ), 店(みせ)の 前(まえ) |
| 後 | ゴ<br>あと, うし-ろ | 午後(ごご)<br>ごはんの 後(あと), 山下(やました)さんの 後(うし)ろ |

## 【れんしゅう】

**もんだい1**　どう　よみますか。

1) この　クラスは　何人　いますか。
　　1　なんにん　　2　なににん　　3　なんじん　　4　なにじん

2) がっこうの　前に　こうえんが　あります。
　　1　うしろ　　2　あと　　3　まえ　　4　となり

3) さんじ六分です。
　　1　ろくふん　　2　ろくぷん　　3　ろっふん　　4　ろっぷん

**もんだい2**　どう　かきますか。

4) ごご　3じに　はじまります。
　　1　後牛　　2　牛後　　3　後午　　4　午後

5) いま　なんじですか。
　　1　令　　2　今　　3　分　　4　会

6) しゅくだいを　はんぶん　しました。
　　1　半芳　　2　羊芳　　3　半分　　4　羊分

 27ページで　こたえを　かくにん！

得点　／6

◆ P.23 の解答　　1) 3　2) 2　3) 1　4) 2　5) 3　6) 4

# もじ 8日目 ようかめ

## しぜん
Nature
Thiên nhiên

とりに なって、空を とびたいなぁ！

| 山 | サン（ザン）<br>やま | ふじ山（さん）<br>高い 山（たか／やま） |
|---|---|---|
| 川 | かわ（がわ） | 川を わたります、ナイル川（かわ／がわ） |
| 雨 | あめ | 雨が ふります、大雨（あめ／おおあめ） |
| 空 | クウ<br>そら | 空気（くう き）<br>あおい 空（そら） |
| 気 | キ | 気もち（き） |
| 天 | テン | 天気（てん き） |
| 花 | カ<br>はな | 花びん（か）<br>あかい 花（はな） |
| 魚 | さかな | きれいな 魚（さかな） |

もじ 8日目

## 【れんしゅう】

**もんだい1** どう よみますか。

1) ガラスの 花びんを かいました。
　　1 はなびん　　2 ばなびん　　3 かんびん　　4 かびん

2) 空が きれいですね。
　　1 かわ　　2 うみ　　3 やま　　4 そら

3) かぞくは げん気です。
　　1 げんかん　　2 げんき　　3 げんこう　　4 げんてん

**もんだい2** どう かきますか。

4) きょうは いい てんきですね。
　　1 天気　　2 夫気　　3 天来　　4 夫来

5) ちかくに やまが あります。
　　1 川　　2 小　　3 山　　4 少

6) きのうは おおあめ でした。
　　1 多雨　　2 大雨　　3 多両　　4 大両

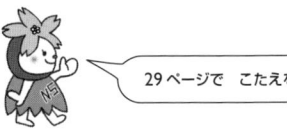
29ページで こたえを かくにん！

得点　/6

◆ P.25 の解答　　1) 1　2) 3　3) 4　4) 4　5) 2　6) 3

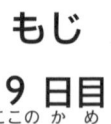

## もじ 9日目 ここのかめ

## まち　Town / Phố xá

| 店 | テン<br>みせ | きっさ店（てん）<br>店（みせ） |
|---|---|---|
| 会 | カイ<br>あ‐う | きょう会（かい）<br>先生に 会います（せんせい　あ） |
| 社 | シャ | 会社，社長（かいしゃ　しゃちょう） |
| 校 | コウ | 学校，高校（がっこう　こうこう） |
| 屋 | ヤ | 本屋，魚屋（ほんや　さかなや） |
| 道 | みち | 道を あるきます（みち） |
| 駅 | えき | 東京駅（とうきょうえき） |
| 車 | シャ<br>くるま | じてん車（しゃ）<br>車に のります（くるま） |
| 電 | デン | 電車，電気（でんしゃ　でんき） |

もじ　9日目

## 【れんしゅう】

**もんだい1**　どう　よみますか。

1) <u>花屋</u>で　しごとします。
　　1　やおや　　　2　はなや　　　3　やおみせ　　　4　はなみせ

2) <u>電気</u>を　つけます。
　　1　でんき　　　2　げんき　　　3　てんき　　　4　けんき

3) <u>会社</u>は　えきの　ちかくに　あります。
　　1　かんしゃ　　2　かいしゃ　　3　しゃかん　　4　しゃかい

**もんだい2**　どう　かきますか。

4) <u>えき</u>で　ともだちを　まっています。
　　1　駐　　　2　駆　　　3　駄　　　4　駅

5) けさ、さとうさんに　<u>あいました</u>。
　　1　見いました　2　友いました　3　会いました　4　今いました

6) ちいさい　<u>くるま</u>を　かいました。
　　1　卓　　　2　単　　　3　車　　　4　事

　31ページで　こたえを　かくにん！

◆ P.27の解答　　1) 4　2) 4　3) 2　4) 1　5) 3　6) 2

# もじ 10日目 けいようし（I） Adjectives (1) / Tính từ (1)

ちゅうい！「大きい」と「多い」。「小さい」と「少ない」。

| 大 | ダイ<br>おお - きい | 大学<br>だいがく<br>大きい 店<br>おお　　みせ |
|---|---|---|
| 小 | ショウ<br>ちい - さい | 小学校<br>しょうがっこう<br>小さい 駅<br>ちい　　えき |
| 多 | おお - い | 車 が 多い<br>くるま　　おお |
| 少 | すく - ない, す<br>こ - し | 人が少ない, 時間が少しあります<br>ひと　すく　　　じかん　すこ |
| 新 | シン<br>あたら - しい | 新人<br>しんじん<br>新しい 車<br>あたら　　くるま |
| 古 | ふる - い | 古い パソコン, 古本<br>ふる　　　　　　　ふるほん |

【れんしゅう】

**もんだい1** どう よみますか。

1) あには 大学で べんきょうしています。
　　1　がっこう　　2　としょかん　　3　こうえん　　4　だいがく

2) このホテルは へやが 多いです。
　　1　おおい　　2　すくない　　3　ひろい　　4　せまい

3) バスで 小学校へ いきます。
　　1　しょうがくこう　　2　しょがっこう
　　3　しょうがくこう　　4　しょうがっこう

**もんだい2** どう かきますか。

4) あたらしい くつを かいました。
　　1　親しい　　2　新しい　　3　視しい　　4　祈しい

5) この がっこうは ふるいです。
　　1　由い　　2　占い　　3　古い　　4　占い

6) この こうえんは おおきいですね。
　　1　多い　　2　大い　　3　多きい　　4　大きい

 33ページで こたえを かくにん！

◆ P.29 の解答　　1) 2　2) 1　3) 2　4) 4　5) 3　6) 3

もじ

11日目(じゅういちにちめ)

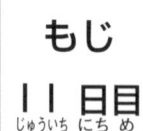

# けいようし (2)

Adjectives (2)
Tính từ (2)

| | | |
|---|---|---|
| 高 | コウ<br>たか-い | 高校(こうこう)<br>高(たか)い ビル，高(たか)い かばん |
| 安 | やす-い | 安(やす)い 車(くるま) |
| 長 | チョウ<br>なが-い | 社長(しゃちょう)<br>長(なが)い コート |
| 近 | ちか-い | 近(ちか)い 店(みせ)，うちの 近(ちか)く |
| 好 | す-き | 好(す)きな うた |

もじ 11日目

## 【れんしゅう】

**もんだい1** どう よみますか。

1) この くつは 安いです。
　　1 たかい　　2 ふるい　　3 やすい　　4 きれい

2) 店長は だいどころに います。
　　1 しゃちょう　2 てんちょう　3 ぶちょう　4 やちょう

3) 高校生のとき、サッカーを して いました。
　　1 ここせい　2 ここうせい　3 こうせい　4 こうこうせい

**もんだい2** どう かきますか。

4) えきの ちかくの びょういんへ いきました。
　　1 折く　　2 祈く　　3 近く　　4 欣く

5) この ぎゅうにくは たかいです。
　　1 高い　　2 安い　　3 長い　　4 早い

6) どんな えいがが すきですか。
　　1 奴き　　2 妃き　　3 如き　　4 好き

　35ページで こたえを かくにん！

得点　　／6

◆ P.31 の解答　　1) 4　2) 1　3) 4　4) 2　5) 3　6) 4

# どうし (1)
**Verbs (1)**
**Động từ (1)**

| 行 | コウ<br>い-く | ぎん行<br>こう<br>会社へ 行きます<br>かいしゃ い |
|---|---|---|
| 来 | ライ<br>く-る | 来週<br>らいしゅう<br>タクシーが 来る，友だちが 来ました<br>く き |
| 帰 | かえ-る | うちへ 帰ります<br>かえ |
| 食 | ショク<br>た-べる | 食じを します<br>しょく<br>魚を 食べます，食べ物<br>さかな た た もの |
| 飲 | の-む | ジュースを 飲みます，飲み物<br>の の もの |
| 買 | か-う | かばんを 買います，買い物を します<br>か か もの |
| 立 | た-つ | 立って ください<br>た |
| 休 | やす-む | 少し 休んで ください，休みの 日<br>すこ やす やす ひ |

34

もじ　12日目

## 【れんしゅう】

**もんだい1**　どう　よみますか。

1) <u>りょ行</u>したいです。
　　1　りょがく　　2　りょこう　　3　りょうしん　　4　りょうり

2) <u>来年</u>、ヨーロッパへ　いきます。
　　1　らいねん　　2　らいとし　　3　こんねん　　4　ことし

3) 10ぷん、<u>休み</u>ましょう。
　　1　あそみ　　2　はなみ　　3　たのみ　　4　やすみ

**もんだい2**　どう　かきますか。

4) どこで　<u>かいました</u>か。
　　1　貝いました　　2　買いました　　3　売いました　　4　責いました

5) あしたは　どこへも　<u>いきません</u>。
　　1　行きません　　2　行ません　　3　来きません　　4　来ません

6) おちゃを　<u>のみました</u>。
　　1　飯みました　　2　鉸みました　　3　飲みました　　4　銑みました

37ページで　こたえを　かくにん！

得点　　　／6

◆ P.33の解答　　　1) 3　2) 2　3) 4　4) 3　5) 1　6) 4

# もじ 13日目 / どうし (2) — Verbs (2) / Động từ (2)

| 漢字 | 読み | 例 |
|---|---|---|
| 言 | い-う | 名前を 言います |
| 話 | ワ / はな-す, はなし | 電話、日本語を 話します、おもしろい 話 |
| 書 | ショ / か-く | きょうか書、手がみを 書きます |
| 読 | ドク / よ-む | 読書、本を 読みます |
| 聞 | ブン / き-く | 新聞、ラジオを 聞きます |
| 見 | ケン / み-る | 見学、えいがを 見ます |
| 入 | い-れる, はい-る | さとうを 入れます、入り口、へやに 入ります |
| 出 | だ-す, で-る | しゅくだいを 出します、出かけます、出口 |

もじ　13日目

## 【れんしゅう】

**もんだい1**　どう　よみますか。

1) にほんごで　会話しました。
　　　1　かいしゃ　　2　でんしゃ　　3　かいわ　　4　でんわ

2) 出口は　どこですか。
　　　1　はいりぐち　　2　いりぐち　　3　だぐち　　4　でぐち

3) もういちど　言ってください。
　　　1　いって　　2　はなって　　3　かって　　4　きって

**もんだい2**　どう　かきますか。

4) おふろに　はいります。
　　　1　人ります　　2　入ります　　3　ハります　　4　込ります

5) じしょを　つかいます。
　　　1　帚　　2　建　　3　書　　4　畫

6) ゆうべは　うちで　テレビを　みていました。
　　　1　目て　　2　見て　　3　早て　　4　兄て

39ページで　こたえを　かくにん！

得点　／6

◆ P35の解答　　1) 2　2) 1　3) 4　4) 2　5) 1　6) 3

# もじ 14日目 / そのほか — Others / Ngoài ra

| 漢字 | 読み | 例 |
|---|---|---|
| 本 | ホン（ボン，ポン） | 本を 読みます，本だな，三本<br>ほん よ　　ほん　　さんぼん |
| 国 | コク<br>くに | 外国人<br>がいこくじん<br>国へ 帰ります<br>くに かえ |
| 語 | ゴ | 日本語，スペイン語<br>にほんご　　　　ご |
| 名 | メイ<br>な | ゆう名な 人<br>めい　ひと<br>名前<br>なまえ |
| 同 | おな-じ | 同じ 国<br>おな くに |
| 白 | しろ，しろ-い | 白い シャツ<br>しろ |
| 物 | もの | 新しい 物，買い物，くだ物<br>あたら もの　か もの　　もの |

もじ　14日目

## 【れんしゅう】

**もんだい1**　どう　よみますか。

1) 名前を　おしえてください。
　　1　なまえ　　2　じゅうしょ　　3　しゅっしん　　4　くに

2) 白い　たてものが　あります。
　　1　あおい　　2　あかい　　3　しろい　　4　くろい

3) かさが　六本　あります。
　　1　ろくほん　　2　ろくぽん　　3　ろっほん　　4　ろっぽん

**もんだい2**　どう　かきますか。

4) わたしたちは　おなじ日に　うまれました。
　　1　同じ　　2　同じ　　3　回じ　　4　向じ

5) ともだちと　かいものを　しました。
　　1　会い物　　2　食い物　　3　飲い物　　4　買い物

6) きょねん　にほんへ　いきました。
　　1　日大　　2　日木　　3　日本　　4　日太

41ページで　こたえを　かくにん！

得点　　／6

◆ P.37の解答　　1) 3　2) 4　3) 1　4) 2　5) 3　6) 2

39

# まとめ

**15日目**

Recapitulation / Tổng kết

もんだいに チャレンジしよう。

## 1 ひらがなで かきましょう。

(1) <u>好きな</u>　<u>飲み物</u>は　<u>何</u>ですか。
　　（　　）　（　）（　）　（　　）

(2) あの　<u>男の子</u>は　<u>イタリア語</u>を　<u>話</u>します。
　　　　（　　）　　（　　　）　　（　　）

(3) <u>先週</u>、　<u>会社</u>を　<u>休</u>みました。
　　（　　）　（　　）（　　）

## 2 かんじで かきましょう。

(4) <u>ともだち</u>が　<u>にほん</u>から　<u>き</u>ました。
　　（　　）　　（　　）　　（　）

(5) <u>えき</u>の　<u>かいさつぐち</u>で　<u>せんせい</u>に　<u>あ</u>いました。
　　（　）　（　　　　）　（　　）　（　）

(6) <u>がっこう</u>の　<u>まえ</u>に　<u>ふるい</u>　<u>みせ</u>が　あります。
　　（　　）　（　）　（　　）　（　）

42ページで こたえを かくにん！

得点　／22

もじ　15日目

## 【れんしゅう】

**もんだい1**　どう　よみますか。

1）ここは　くるまが　<u>多い</u>です。
　　1　すくない　　2　あおい　　3　おおい　　4　おおきい
2）<u>外</u>は　ゆきが　ふっています。
　　1　そこ　　　　2　そと　　　3　そば　　　4　そら
3）<u>八月十日</u>に　にほんへ　きました。
　　1　はちがつじゅうか　　　　2　はちがつとおか
　　3　はっがつじゅうか　　　　4　はっがつとおか
4）ボールペンが　<u>三本</u>　あります。
　　1　さんさつ　　2　さんまい　3　さんぼん　4　さんばい

**もんだい2**　どう　かきますか。

5）<u>てーぶる</u>の　うえに　はなが　あります。
　　1　チーバル　　2　チーブル　　3　テーバル　　4　テーブル
6）ジュースを　<u>かいました</u>。
　　1　書いました　2　食いました　3　買いました　4　会いました
7）<u>でんしゃ</u>で　うみへ　いきます。
　　1　雨話　　　　2　雨車　　　　3　電話　　　　4　電車
8）<u>じかん</u>が　ありません。
　　1　時間　　　　2　出口　　　　3　午前　　　　4　新聞

42ページで　こたえを　かくにん！

得点　　／8

◆ P.39 の解答　　1）1　2）3　3）4　4）2　5）4　6）3

41

# もじ クイズ

◆かんじを 書きましょう。

1）カレンダー

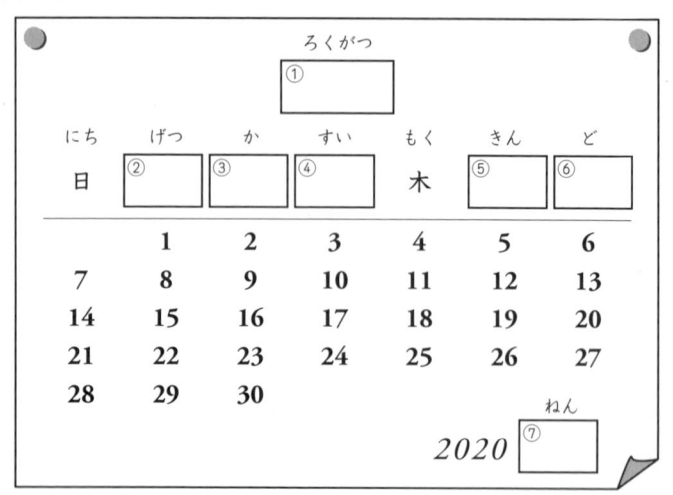

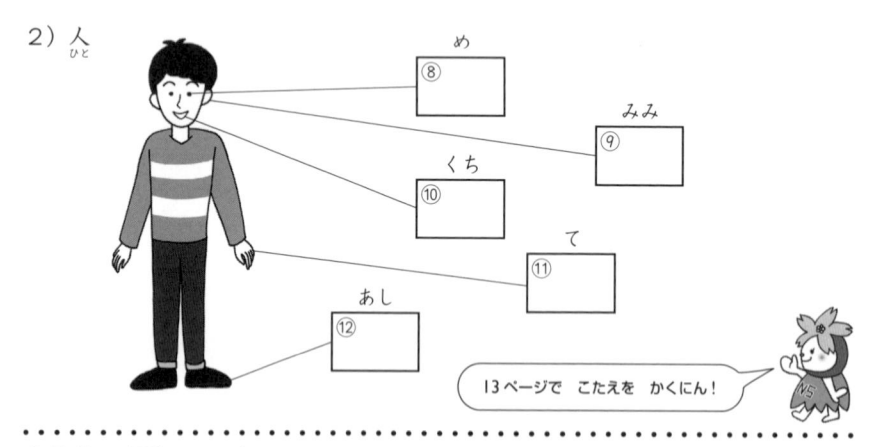

ろくがつ ①

| にち | げつ | か | すい | もく | きん | ど |
|---|---|---|---|---|---|---|
| 日 | ② | ③ | ④ | 木 | ⑤ | ⑥ |

|  | 1 | 2 | 3 | 4 | 5 | 6 |
| 7 | 8 | 9 | 10 | 11 | 12 | 13 |
| 14 | 15 | 16 | 17 | 18 | 19 | 20 |
| 21 | 22 | 23 | 24 | 25 | 26 | 27 |
| 28 | 29 | 30 |  |  |  |  |

2020 ⑦ねん

2）人(ひと)

- め ⑧
- みみ ⑨
- くち ⑩
- て ⑪
- あし ⑫

13ページで こたえを かくにん！

◆ P.40 の解答(かいとう)
1）すきな のみものは なんですか。
2）あの おとこのこは イタリアごを はなします。
3）せんしゅう、かいしゃを やすみました。
4）友だちが 日本から 来ました。
5）駅の かいさつ口で 先生に 会いました。
6）学校の 前に 古い 店が あります。

◆ P.41 の解答(かいとう)  1）3  2）2  3）2  4）3  5）4  6）3  7）4  8）1

42

# Part 2

# ごい

- ことばを ひとつずつ こえに だして いいましょう。
- おぼえたら □に チェックを しましょう。
- 195ページからの さくいん（リスト）も つかう ことが できます。

# カレンダー・じかん

**ごい 1日目**

Calendar / Time
Lịch / Thời gian

どんどん おぼえよう。

## § カレンダー

| | おととい<br>the day before yesterday<br>hôm kia | きのう<br>yesterday<br>hôm qua | きょう<br>today<br>hôm nay | あした<br>tomorrow<br>ngày mai | あさって<br>the day after tomorrow<br>ngày kia | まいにち<br>every day<br>mỗi ngày |
|---|---|---|---|---|---|---|
| ☐ | | せんしゅう<br>last week<br>tuần trước | こんしゅう<br>this week<br>tuần này | らいしゅう<br>next week<br>tuần sau | | まいしゅう<br>every week<br>hàng tuần |
| ☐ | | せんげつ<br>last month<br>tháng trước | こんげつ<br>this month<br>tháng này | らいげつ<br>next month<br>tháng sau | | まいつき<br>every month<br>hàng tháng |
| ☐ | おととし<br>two years ago<br>năm kia | きょねん<br>last year<br>năm trước | ことし<br>this year<br>năm nay | らいねん<br>next year<br>năm sau | さらいねん<br>the year after next<br>năm sau nữa | まいとし<br>every year<br>hằng năm |

| | | | |
|---|---|---|---|
| ☐ | いちがつ | January | Tháng 1 |
| ☐ | にがつ | February | Tháng 2 |
| ☐ | さんがつ | March | Tháng 3 |
| ☐ | しがつ | April | Tháng 4 |
| ☐ | ごがつ | May | Tháng 5 |
| ☐ | ろくがつ | June | Tháng 6 |
| ☐ | しちがつ | July | Tháng 7 |
| ☐ | はちがつ | August | Tháng 8 |
| ☐ | くがつ | September | Tháng 9 |
| ☐ | じゅうがつ | October | Tháng 10 |
| ☐ | じゅういちがつ | November | Tháng 11 |
| ☐ | じゅうにがつ | December | Tháng 12 |

| | | | |
|---|---|---|---|
| ☐ | ついたち | the first day of the month | mùng 1 |
| ☐ | ふつか | the second day | mùng 2 |
| ☐ | みっか | the third day | mùng 3 |
| ☐ | よっか | the forth day | mùng 4 |
| ☐ | いつか | the fifth day | mùng 5 |
| ☐ | むいか | the sixth day | mùng 6 |
| ☐ | なのか | the seventh day | mùng 7 |
| ☐ | ようか | the eighth day | mùng 8 |
| ☐ | ここのか | the ninth day | mùng 9 |
| ☐ | とおか | the tenth day | mùng 10 |

| | | | |
|---|---|---|---|
| ☐ | げつようび | Monday | Thứ 2 |
| ☐ | かようび | Tuesday | Thứ 3 |
| ☐ | すいようび | Wednesday | Thứ 4 |
| ☐ | もくようび | Thursday | Thứ 5 |
| ☐ | きんようび | Friday | Thứ 6 |
| ☐ | どようび | Saturday | Thứ 7 |
| ☐ | にちようび | Sunday | Chủ Nhật |

| | | | |
|---|---|---|---|
| ☐ | はる | spring | mùa xuân |
| ☐ | なつ | summer | mùa hạ |
| ☐ | あき | autumn | mùa thu |
| ☐ | ふゆ | winter | mùa đông |
| ☐ | なつやすみ | summer holiday | nghỉ hè |
| ☐ | たんじょうび | birthday | sinh nhật |
| ☐ | カレンダー | calendar | lịch |

## § じかん

| | | | |
|---|---|---|---|
| ☐ | じかん | time/hour | giờ |
| ☐ | ごぜん | morning<br>ごぜんちゅうに　デパートへ　いきます。 | buổi sáng |
| ☐ | ごご | afternoon<br>きょうは　ごごから　でかけます。 | buổi chiều |
| ☐ | ～じ | o' clock<br>しごとは　9じからです。 | giờ |
| ☐ | ～ふん | minute<br>いま、とうきょうは　7じ　5ふんです。 | phút |
| ☐ | ～はん | half<br>いま、5じはんです。 | rưỡi, một nửa |
| ☐ | ～じかん | hour<br>ここから　とうきょうまで　3じかん　かかります。 | tiếng |
| ☐ | ～しゅうかん | week | số tuần |
| ☐ | ～かげつ | month | số tháng |
| ☐ | あさ | morning | buổi sáng |
| ☐ | ひる | daytime | buổi trưa |
| ☐ | ゆうがた | evening | buổi tối |
| ☐ | ばん／よる | night | ban đêm |
| ☐ | ゆうべ | last night/evening | đêm hôm trước, tối hôm trước |
| ☐ | けさ | this morning | sáng nay |
| ☐ | こんばん | tonight | tối nay |

| | | | | |
|---|---|---|---|---|
| ☐ | ～とき | when | khi | ※p.147 |
| | | だいがくせいの とき、とうきょうに すんでいました。 | | |
| ☐ | ～あとで | after | sau khi | ※p.133 |
| | | しょくじの あとで、テレビを みます。 | | |
| ☐ | ～まえ | ago/before | trước khi | ※p.133 |
| | | ３ねんまえ、にほんを りょこうしました。<br>しょくじの まえに、てを あらいましょう。 | | |
| ☐ | ～ちゅう | during | trong lúc | ※p.167 |
| | | はらださんは でんわちゅうです。 | | |
| ☐ | ～じゅう | throughout | suốt | ※p.167 |
| | | ここは いちねんじゅう さむいです。 | | |
| ☐ | いつ | when | khi nào, bao giờ | ※p.112 |
| | | いつ にほんへ きましたか | | |
| ☐ | いつか | someday | một lúc nào đó | |
| | | いつか アフリカを りょこうしたいです。 | | |
| ☐ | いつも | always | luôn | ※p.91 |
| | | いつも かぞくの ことを かんがえています。 | | |
| ☐ | いま | now | bây giờ | |
| | | いま、なんじですか。 | | |
| ☐ | ～ころ／ごろ | around/about | khoảng | |
| | | かとうさんは １０じごろ きます。 | | |

※の ページも みましょう。

【れんしゅう】

もんだい1　（　）に　なにを　いれますか。

1）がっこうは　（　　　）9じに　はじまります。
　　1　あとで　　　　　2　いつか
　　3　ごぜん　　　　　4　ごろ

2）1ねんの　さいしょの　ひは　いちがつ　（　　　）です。
　　1　みっか　　　　　2　ついたち
　　3　ようか　　　　　4　むいか

3）きょうは　かようびですから、あしたは　（　　　）です。
　　1　もくようび　　　2　きんようび
　　3　どようび　　　　4　すいようび

4）きのうの　（　　　）は、つきが　きれいでした。
　　1　けさ　　　　　　2　ばん
　　3　こんばん　　　　4　ゆうべ

5）たんじょうパーティーの　（　　　）に、プレゼントを　かいます。
　　1　いつ　　　　　　2　あき
　　3　じ　　　　　　　4　まえ

|もんだい2|　____のぶんと　だいたい　おなじ　いみの　ぶんは　どれですか。

6) おとといにほんへ きました。
　　1　いちにちまえ、にほんへ　きました。
　　2　ふつかまえ、にほんへ　きました。
　　3　いちねんまえ、にほんへ　きました。
　　4　にねんまえ、にほんへ　きました。

7) まいしゅう　にちようびに　としょかんへ　いきます。
　　1　にちようびは　いつも　としょかんへ　いきます。
　　2　にちようびは　ときどき　としょかんへ　いきます。
　　3　にちようびの　あさ　としょかんへ　いきます。
　　4　にちようびの　ばん　としょかんへ　いきます。

8) たんじょうびは　10がつ29にちです。
　　1　10がつ29にちに　ひっこしました。
　　2　10がつ29にちに　がっこうが　はじまりました。
　　3　10がつ29にちに　うまれました。
　　4　10がつ29にちに　けっこんしました。

53ページで　こたえを　かくにん！

得点　／8

◆ P.106の解答
1) e（グループ＝べんきょう）　　2) a（グループ＝「〜を　はきます」）
3) b（グループ＝まち）　　4) d（グループ＝のりもの）
5) d（グループ＝なけいようし）

# ごい 2日目（ふつかめ）

## かず

Numbers
Số lượng

「いっぱい」などの「っ」や「ぱ」に ちゅういしよう。

### § かず

|  |  | ～つ | ～にん | ～かい |
|---|---|---|---|---|
| ☐ | 0 | れい／ゼロ | | |
| ☐ | 1 | いち | ひとつ | ひとり | いっかい |
| ☐ | 2 | に | ふたつ | ふたり | にかい |
| ☐ | 3 | さん | みっつ | さんにん | さんがい |
| ☐ | 4 | よん／し | よっつ | よにん | よんかい |
| ☐ | 5 | ご | いつつ | ごにん | ごかい |
| ☐ | 6 | ろく | むっつ | ろくにん | ろっかい |
| ☐ | 7 | なな／しち | ななつ | ななにん | ななかい |
| ☐ | 8 | はち | やっつ | はちにん | はっかい |
| ☐ | 9 | きゅう／く | ここのつ | きゅうにん | きゅうかい |
| ☐ | 10 | じゅう | とお | じゅうにん | じゅっかい |
| ☐ | 100 | ひゃく | ― | ひゃくにん | ひゃっかい |
| ☐ | 1000 | せん | ― | せんにん | せんかい |
| ☐ | 10000 | まん | ― | いちまんにん | いちまんかい |

| | | | |
|---|---|---|---|
| ☐ | グラム | gram | gam |
| ☐ | キロ（グラム） | kilogram | cân |
| ☐ | メートル | meter | mét |
| ☐ | キロ（メートル） | kilometer | ki-lô-mét |

50

ごい　2日目

|  |  | ～さつ | ～はい | ～ひき | ～ほん |
|---|---|---|---|---|---|
| □ | 0 |  |  |  |  |
| □ | 1 | いっさつ | いっぱい | いっぴき | いっぽん |
| □ | 2 | にさつ | にはい | にひき | にほん |
| □ | 3 | さんさつ | さんばい | さんびき | さんぼん |
| □ | 4 | よんさつ | よんはい | よんひき | よんほん |
| □ | 5 | ごさつ | ごはい | ごひき | ごほん |
| □ | 6 | ろくさつ | ろっぱい | ろっぴき | ろっぽん |
| □ | 7 | ななさつ | ななはい | ななひき | ななほん |
| □ | 8 | はっさつ | はっぱい | はっぴき | はっぽん |
| □ | 9 | きゅうさつ | きゅうはい | きゅうひき | きゅうほん |
| □ | 10 | じゅっさつ | じゅっぱい | じゅっぴき | じゅっぽん |
| □ | 100 | ひゃくさつ | ひゃっぱい | ひゃっぴき | ひゃっぽん |
| □ | 1000 | せんさつ | せんばい | せんびき | せんぼん |
| □ | 10000 | いちまんさつ | いちまんばい | いちまんびき | いちまんぼん |

§ そのほかの　じょすうし

| □ ～えん | □ ～こ | □ ～さい　4さい |
|---|---|---|
| □ ～だい | □ ～ど　いちど　once　một lần | □ ～まい |

51

【れんしゅう】

もんだい1　（　）に　なにを　いれますか。

1) かみが　（　　　）あります。
　　1　しほん
　　2　よんほん
　　3　しまい
　　4　よんまい

2) パンが　（　　　）あります。
　　1　みっつ
　　2　よっつ
　　3　いつつ
　　4　むっつ

3) ここから　えきまで　100（　　　）ぐらいです。
　　1　グラム　　　　2　メートル
　　3　ばん　　　　　4　かい

4) ちゅうしゃじょうに　くるまが　3（　　　）あります。
　　1　さつ　　　　　2　びき
　　3　だい　　　　　4　ど

ごい　2日目

もんだい2　＿＿＿のぶんと　だいたい　おなじ　いみの　ぶんは　どれですか。

5) ケーキを　やっつ　かいました。
　　1　ケーキを　4こ　かいました。
　　2　ケーキを　6こ　かいました。
　　3　ケーキを　8こ　かいました。
　　4　ケーキを　10こ　かいました。

6) わたしは　りょうしんと　あに　ふたりと　いっしょに　すんでいます。
　　1　わたしは　よにんで　すんでいます。
　　2　わたしは　ごにんで　すんでいます。
　　3　わたしは　ろくにんで　すんでいます。
　　4　わたしは　ななにんで　すんでいます。

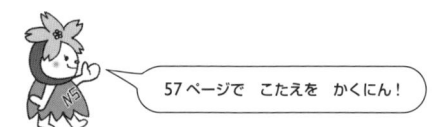

57ページで　こたえを　かくにん！

得点　／6

◆ P.48-49の解答　　1) 3　　2) 2　　3) 4　　4) 2　　5) 4　　6) 2
　　　　　　　　　7) 1　　8) 3

# ごい 3日目

## ひと
**Person / Con người**

### § ひと

| | | | |
|---|---|---|---|
| ☐ | ひと | person | người |
| | | あの　ひとが　たなかさんです。<br>この　みせの　ひとは　しんせつです。 | |
| ☐ | おとな | adult | người lớn |
| ☐ | こども | child | trẻ em |
| | | あそこで　こどもが　あそんでいます。 | |
| ☐ | おとこ | man | đàn ông, nam giới |
| ☐ | おとこのこ | boy | bé trai |
| ☐ | おんな | woman | phụ nữ |
| ☐ | おんなのこ | girl | bé gái |
| ☐ | ともだち | friend | bạn bè |
| ☐ | じこしょうかい | self-introduction | giới thiệu bản thân |
| ☐ | なまえ | name | tên |
| ☐ | ～さん | Mr./Ms. | ông/bà/anh/chị/cô/chú… |
| | | よしださんは　もう　かえりました。 | |
| ☐ | ～じん | ちゅうごくじん = Chinese (people) | người Trung Quốc |
| | | ジョンさんは　フランスじんです。 | |
| ☐ | みなさん／みんな | everyone | mọi người |
| ☐ | わたし | I | tôi/mình/anh/em… (ngôi xưng hô số 1) |
| ☐ | あなた | you | bạn/cậu/cô/chú/anh/chị… (gọi ngôi 2) |
| ☐ | ～たち | わたしたち = we | chúng ta, chúng tôi |
| | | そのひとたち = those people | những người đó |

54

## § かぞく

| | | |
|---|---|---|
| ☐ かぞく | family | gia đình |
| | まいばん かぞくに でんわします。 | |
| ☐ はは／おかあさん | mother | mẹ |
| | おかあさんは げんきですか。 | |
| ☐ ちち／おとうさん | father | bố |
| | ちちは いしゃです。 | |
| ☐ あね／おねえさん | elder sister | chị gái |
| | あねと いっしょに すんでいます。 | |
| ☐ あに／おにいさん | elder brother | anh trai |
| ☐ いもうと／いもうとさん | younger sister | em gái |
| ☐ おとうと／おとうとさん | younger brother | em trai |
| ☐ りょうしん | parents | bố mẹ |
| ☐ きょうだい | siblings | anh chị em |
| ☐ おばあさん | grandmother | bà |
| ☐ おじいさん | grandfather | ông |
| ☐ おば／おばさん | aunt | cô, dì, bác gái |
| ☐ おじ／おじさん | uncle | chú, cậu, bác trai |

## § しごと

| | | |
|---|---|---|
| ☐ しごと | job | công việc |
| ☐ いしゃ | doctor | bác sỹ |
| ☐ けいかん | policeman | cảnh sát |
| ☐ かいしゃいん | office worker | nhân viên văn phòng |
| ☐ せんせい | teacher | giáo viên |
| ☐ がくせい | student | học sinh |
| ☐ りゅうがくせい | international student | du học sinh |

## 【れんしゅう】

**もんだい1** （　）に　なにを　いれますか。

1) （　　　）は　びょういんで　はたらきます。
   1　いしゃ　　　　　2　けいかん
   3　がくせい　　　　4　てんいん

2) （　　　）と　えいがを　みました。
   1　しごと　　　　　2　ともだち
   3　じこしょうかい　4　なまえ

3) わたしたちは　アメリカ（　　　）です。
   1　かた　　　　　　2　さん
   3　じん　　　　　　4　たち

4) きっぷは　（　　　）が　300えん、こどもが　150えんです。
   1　かぞく　　　　　2　おとな
   3　かいしゃいん　　4　きょうだい

5) わたしには　（　　　）が　3にんいます。あにが　ふたり、いもうとが　ひとりです。
   1　きょうだい　　　2　おば
   3　かいしゃいん　　4　がくせい

ごい　3日目

もんだい2　＿＿＿のぶんと　だいたい　おなじ　いみの　ぶんは　どれですか。

6) あの　ひとは　わたしの　ちちの　ははです。

　　1　あの　ひとは　わたしの　きょうだいです。
　　2　あの　ひとは　わたしの　いもうとです。
　　3　あの　ひとは　わたしの　おじいさんです。
　　4　あの　ひとは　わたしの　おばあさんです。

7) わたしは　りゅうがくせいです。

　　1　わたしは　べんきょうしに　きました。
　　2　わたしは　りょこうで　きました。
　　3　わたしは　しごとに　きました。
　　4　わたしは　ひとりで　きました。

61ページで　こたえを　かくにん！

得点　　／7

◆ P.52-53の解答　　1) 4　　2) 3　　3) 2　　4) 3　　5) 3　　6) 2

## ごい 4日目 / よっかめ

# からだ／ばしょ

**Body / Place**
**Cơ thể / Địa điểm**

## § ひと

| | | | |
|---|---|---|---|
| ☐ | からだ | body | cơ thể |
| | | あには　からだが　おおきいです。 | |
| ☐ | あし | foot, leg | chân |
| | | あしが　ながいです。 | |
| ☐ | あたま | head | đầu |
| | | あたまが　いたいです。 | |
| ☐ | おなか | belly | bụng |
| ☐ | かお | face | khuôn mặt |
| ☐ | くち | mouth | miệng |
| ☐ | せ | back/height | lưng |
| | | たかださんは　せが　たかいです。 | |
| ☐ | て | hand | tay |
| ☐ | は | tooth | răng |
| ☐ | はな | nose | mũi |
| ☐ | みみ | ear | tai |
| ☐ | め | eye | mắt |
| ☐ | びょうき | illness | bị ốm |
| | | たかださんは　びょうきで　しごとを　やすみます。 | |
| ☐ | かぜ | cold | bị cảm |
| | | わたしは　かぜを　ひきました。 | |
| ☐ | くすり | medicine | thuốc |
| | | しょくじを　してから、くすりを　のみます。 | |

## § ばしょ

| | | |
|---|---|---|
| □ うえ | on<br>いすの うえに ノートが あります。 | trên |
| □ した | under | dưới |
| □ みぎ | right | trái |
| □ ひだり | left | phải |
| □ まえ | front<br>うちの まえに こうえんが あります。 | trước |
| □ うしろ | behind | sau |
| □ よこ | beside | bên cạnh |
| □ なか | inside<br>かぎは この はこの なかに あります。 | bên trong |
| □ そと | outside | bên ngoài |
| □ となり | next<br>たかださんの となりに すわります。 | bên cạnh |
| □ むこう | beyond<br>かわの むこうに ケーキやが あります。 | phía bên kia |
| □ そば | nearby/beside | bên cạnh |
| □ ちかく | near | gần |
| □ かど | corner | góc |
| □ ～がわ | side<br>みぎがわの せきに すわってください。 | phía |
| □ ところ | place<br>ここは きれいな ところですね。 | nơi, chỗ |
| □ きた | north | phía Bắc |
| □ ひがし | east | phía Đông |
| □ みなみ | south | phía Nam |
| □ にし | west | phía Tây |

## 【れんしゅう】

もんだい1　（　）に　なにを　いれますか。

1）ジョンさんは　（　　　）が　たかいです。
　　1　あし　　　　　　2　あたま
　　3　せ　　　　　　　4　からだ

2）おなかが　いたいですから、（　　　）を　のみます。
　　1　いしゃ　　　　　2　くすり
　　3　びょういん　　　4　びょうき

3）ほんは　テーブルの　（　　　）に　あります。
　　1　うえ
　　2　した
　　3　そば
　　4　よこ

4）パンやの　（　　　）に　ポストが　あります。
　　1　うしろ
　　2　まえ
　　3　むこう
　　4　となり

ごい　4日目

**もんだい2**　＿＿＿のぶんと　だいたい　おなじ　いみの　ぶんは
どれですか。

5) たかださんは　びょうきです。

　　1　たかださんは　げんきです。
　　2　たかださんは　げんきではありません。
　　3　たかださんは　やさしいです。
　　4　たかださんは　やさしくないです。

6) わたしの　うちから　がっこうまで　3ぷんぐらいです。

　　1　わたしの　うちの　かどに　がっこうが　あります。
　　2　わたしの　うちの　そとに　がっこうが　あります。
　　3　わたしの　うちの　ひがしに　がっこうが　あります。
　　4　わたしの　うちの　ちかくに　がっこうが　あります。

65ページで　こたえを　かくにん！

得点　／6

◆ P.56-57の解答　　1）1　2）2　3）3　4）2　5）1　6）4
　　　　　　　　　 7）1

## ごい 5日目（いつかめ）

## たてもの／まち

**Buildings / Town**
Nhà cửa / Phố xá

### §いえ、へや

| | | | |
|---|---|---|---|
| ☐ | いえ | house | nhà |
| | | あたらしい　いえに　ひっこします。 | |
| ☐ | へや | room | phòng |
| | | この　へやは　ひろいです。 | |
| ☐ | と／ドア | door | cửa |
| | | とを　しめます。 | |
| ☐ | まど | window | Cửa sổ |
| | | まどが　あいています。 | |
| ☐ | ろうか | corridor | hành lang |
| | | ろうかを　はしらないでください。 | |
| ☐ | かいだん | stairs | cầu thang |
| | | かいだんで　5かいへ　いきます。 | |
| ☐ | げんかん | entrance hall | Hành lang (trong nhà), lối vào |
| ☐ | だいどころ | kitchen | nhà bếp |
| ☐ | おふろ | bath | phòng tắm |
| ☐ | トイレ／おてあらい | toilet | nhà vệ sinh |
| | | おてあらいは　あちらに　あります。 | |
| ☐ | にわ | garden | vườn |
| ☐ | もん | gate | cổng |
| ☐ | きょうしつ | classroom | phòng học |
| ☐ | しょくどう | dining room | nhà ăn |

ごい　5日目

## § たてもの、ちず

| | | | |
|---|---|---|---|
| ☐ | たてもの | building | tòa nhà |
| | | たかい　たてものが　たくさん　あります。 | |
| ☐ | ちず | map | bản đồ |
| | | ちずを　みて、ここまで　きました。 | |
| ☐ | こうえん | park | công viên |
| | | こうえんの　ベンチに　すわります。 | |
| ☐ | としょかん | library | thư viện |
| ☐ | デパート | department store | trung tâm thương mại |
| ☐ | レストラン | restaurant | nhà hàng |
| ☐ | ゆうびんきょく | post office | bưu điện |
| ☐ | ポスト | post | hòm thư |
| ☐ | びょういん | hospital | bệnh viện |
| ☐ | きっさてん | cafe | quán nước, quán giải khát |
| ☐ | ぎんこう | bank | ngân hàng |
| ☐ | えいがかん | theater | rạp chiếu phim |
| ☐ | がっこう | school | nhà trường |
| ☐ | えき | station | nhà ga |
| ☐ | はし | bridge | cầu |
| ☐ | ホテル | hotel | khách sạn |
| ☐ | みせ | store | cửa hàng |
| ☐ | みち | road | con đường |
| ☐ | いけ | pond | cái ao |
| ☐ | だいがく | university | trường Đại học |
| ☐ | たいしかん | embassy | đại sứ quán |
| ☐ | こうばん | police station | đồn cảnh sát |
| ☐ | ～や | shop | cửa hàng |
| | | はなやで　きれいな　はなを　かいます。 | |

【れんしゅう】

もんだい1　（　）に　なにを　いれますか。

1) ほんが　かりたいですから、（　　　）へ　いきます。
　　1　ぎんこう　　　　2　たいしかん
　　3　としょかん　　　4　みせ

2) きのう、（　　　）で　サッカーを　しました。
　　1　こうえん　　　　2　きっさてん
　　3　えいがかん　　　4　びょういん

3) でんしゃに　のりますから、（　　　）まで　いきます。
　　1　はし　　　　　　2　いけ
　　3　えき　　　　　　4　みち

4) さとうさんは　（　　　）で　りょうりをしています。
　　1　げんかん　　　　2　おてあらい
　　3　かいだん　　　　4　だいどころ

5) （　　　）へ　かいものに　いきました。
　　1　ホテル　　　　　2　デパート
　　3　ポスト　　　　　4　ビル

もんだい2　＿＿＿のぶんと　だいたい　おなじ　いみの　ぶんは　どれですか。

6）ともだちと　えいがかんへ　いきました。
　　1　ともだちと　べんきょうしました。
　　2　ともだちと　えいがを　みました。
　　3　ともだちと　しょくじしました。
　　4　ともだちと　かいものしました。

7）わたしは　がくせいです。
　　1　わたしは　がっこうで　べんきょうしています。
　　2　わたしは　がっこうで　おしえています。
　　3　わたしは　たいしかんで　はたらいています。
　　4　わたしは　たいしかんへ　かよいます。

69ページで　こたえを　かくにん！

得点　　／7

◆ P.60-61 の解答　　1）3　2）2　3）1　4）2　5）2　6）4

## ごい 6日目(むいかめ)

### みのまわり
**Everyday things / Vật dụng hàng ngày**

「§ふく」は ♣の どうしも いっしょに おぼえよう。

## § へやの なか

| | | | |
|---|---|---|---|
| ☐ | いす | chair | ghế |
| | | へやに いすが 6つ あります。 | |
| ☐ | えんぴつ | pencil | bút chì |
| | | えんぴつで かいてください。 | |
| ☐ | おかね | money | tiền |
| ☐ | かぎ | key | chìa khóa |
| ☐ | かさ | umbrella | cái ô |
| ☐ | かばん | bag | cặp, túi |
| ☐ | かびん | vase | bình hoa |
| ☐ | きって | stamp | tem |
| ☐ | けしゴム | eraser | cục tẩy |
| ☐ | さいふ | wallet | ví |
| ☐ | ざっし | magazine | tạp chí |
| ☐ | しんぶん | newspaper | báo chí |
| ☐ | せっけん | soap | xà phòng |
| ☐ | つくえ | desk | bàn |
| ☐ | てがみ | letter | lá thư |
| ☐ | でんき | electric light | đèn điện |
| ☐ | でんわ | telephone | điện thoại |
| ☐ | とけい | clock | đồng hồ |
| ☐ | はがき | postcard | thiệp, bưu thiếp |
| ☐ | はこ | box | cái hộp |

| ☐ | ふうとう | envelope | phòng bì |
|---|---|---|---|
| ☐ | ペン | pen | bút |
| ☐ | ボールペン | ball-point pen | bút bi |
| ☐ | ほんだな | bookshelf | giá sách |
| ☐ | れいぞうこ | refrigerator | tủ lạnh |

## § ふく

| ☐ | ふく／ようふく | clothes<br>ふくを かいに デパートへ いきました。 | quần áo |
|---|---|---|---|
| ☐ | うわぎ | jacket<br>この うわぎは あたたかいです。 | áo khoác |
| ☐ | くつ | shoes<br>ここで くつを ぬいでください。 | giầy |
| ☐ | くつした | socks | tất, vớ |
| ☐ | コート | coat | áo khoác dài |
| ☐ | シャツ | shirt | áo sơ-mi |
| ☐ | スカート | skirt | váy, chân váy |
| ☐ | ズボン | trousers | quần |
| ☐ | スリッパ | slippers | dép lê, dép đi trong nhà |
| ☐ | セーター | sweater | áo len |
| ☐ | ネクタイ | tie | cà vạt |
| ☐ | ぼうし | hat/cap | mũ |
| ☐ | めがね | glasses | kính |

♣ ふく, うわぎ, コート, シャツ, セーター を きます
♣ くつ, くつした, スカート, ズボン, スリッパ を はきます
♣ ネクタイ, とけい を します
♣ ぼうし を かぶります
♣ めがね を かけます

【れんしゅう】

もんだい1　(　　)に　なにを　いれますか。

1) あの　あかい　(　　　)を　はいている　ひとは　だれですか。
　　1　うわぎ　　　　　2　ぼうし
　　3　セーター　　　　4　ズボン

2) (　　　)を　よみながら、ともだちを　まっています。
　　1　かぎ　　　　　　2　いす
　　3　ざっし　　　　　4　ほんだな

3) てがみを　おくるとき、(　　　)が　いります。
　　1　でんき　　　　　2　きっぷ
　　3　でんわ　　　　　4　きって

4) ちちは　(　　　)を　かけています。
　　1　ネクタイ　　　　2　めがね
　　3　スリッパ　　　　4　とけい

ごい　6日目

**もんだい2**　＿＿＿のぶんと　だいたい　おなじ　いみの　ぶんは　どれですか。

5) さいふが　かるいです。
　　1　かさが　あまり　ありません。
　　2　かびんが　あまり　ありません。
　　3　おかねが　あまり　ありません。
　　4　てがみが　あまり　ありません。

6) ここは　ゆうびんきょくです。
　　1　ここで　はがきを　だします。
　　2　ここで　ほんを　かります。
　　3　ここで　しんぶんを　かいます。
　　4　ここで　くるまに　のります。

73ページで　こたえを　かくにん！

得点　　／6

◆ P.64-65 の解答　　1) 3　2) 1　3) 3　4) 4　5) 2　6) 2
　　　　　　　　　　7) 1

# ごい 7日目 なのかめ

## しぜん／たべもの

**Nature / Food**
**Thiên nhiên / Đồ ăn**

たべものの ことばだよ。 おなかが すいた～。

## § しぜん

| | | | |
|---|---|---|---|
| ☐ | あめ | rain | mưa |
| | | ゆうべ あめが ふりました。 | |
| ☐ | いぬ | dog | chó |
| | | にわで いぬが ねています。 | |
| ☐ | うみ | sea | biển |
| | | わたしの うちの まえは うみです。 | |
| ☐ | かぜ | wind | gió |
| | | かぜが つよいですから、まどを しめましょう。 | |
| ☐ | かわ | river | sông |
| ☐ | き | tree | cây |
| ☐ | くもり | cloudiness | mây |
| ☐ | さかな | fish | cá |
| ☐ | そら | sky | bầu trời |
| ☐ | てんき | weather | thời tiết |
| ☐ | どうぶつ | animal | động vật |
| ☐ | とり | bird | chim chóc |
| ☐ | ねこ | cat | mèo |
| ☐ | はな | flower | hoa |
| ☐ | はれ | fine weather | trời nắng đẹp |
| ☐ | やま | mountain | núi |
| ☐ | ゆき | snow | tuyết |

## § たべもの

| | | | |
|---|---|---|---|
| ☐ | たべもの | food | đồ ăn |
| ☐ | あさごはん | breakfast<br>あさごはんは　もう　たべましたか。 | bữa sáng |
| ☐ | おかし | confectionery<br>この　おかしは　とても　あまいです。 | bánh kẹo |
| ☐ | おさけ | alcoholic drinks | rượu |
| ☐ | おさら | plate/dish | đĩa |
| ☐ | おちゃ | green tea | trà |
| ☐ | おべんとう | box lunch | cơm hộp |
| ☐ | ぎゅうにゅう | milk | sữa |
| ☐ | くだもの | fruit | hoa quả |
| ☐ | ケーキ | cake | bánh ngọt, bánh kem |
| ☐ | コーヒー | coffee | cà phê |
| ☐ | さとう | sugar | đường |
| ☐ | しお | salt | muối |
| ☐ | ジュース | juice | nước hoa quả |
| ☐ | しょうゆ | soy sauce | nước tương |
| ☐ | すし | sushi | sushi |
| ☐ | たまご | egg | trứng |
| ☐ | にく | meat | thịt |
| ☐ | はし | chopstick | đũa |
| ☐ | パン | bread | bánh mì |
| ☐ | やさい | vegetable | rau |
| ☐ | りょうり | cooking/food<br>たなかさんは　りょうりが　じょうずです。<br>わたしは　タイりょうりが　すきです。 | món ăn |

71

【れんしゅう】

もんだい1　（　）に　なにを　いれますか。

1）にわの　（　　　）が　きれいです。
　　1　あめ　　　　　2　かみ
　　3　はな　　　　　4　はれ

2）いま、（　　　）が　ふっています。
　　1　くもり　　　　2　かぜ
　　3　てんき　　　　4　ゆき

3）きのう　（　　　）を　たべました。
　　1　おさら　　　　2　しお
　　3　すし　　　　　4　はし

4）かわで　（　　　）が　およいでいます。
　　1　たまご　　　　2　さかな
　　3　どうぶつ　　　4　ねこ

5）まいあさ　（　　　）を　のみます。
　　1　あさごはん　　2　おかし
　　3　ぎゅうにゅう　4　くだもの

もんだい2 ＿＿＿のぶんと だいたい おなじ いみの ぶんは どれですか。

6） ちちは りょうりが すきです。
　1　ちちは よく えを かきます。
　2　ちちは よく たべます。
　3　ちちは よく たべものを つくります。
　4　ちちは よく でかけます。

7） きょうは いい てんきです。
　1　きょうは あめです。
　2　きょうは くもりです。
　3　きょうは そらです。
　4　きょうは はれです。

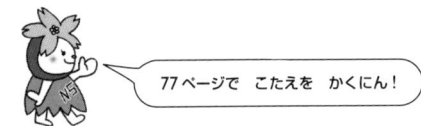

77ページで こたえを かくにん！

◆ P.68-69 の解答　　1）4　2）3　3）4　4）2　5）3　6）1

# ごい 8日目 ようかめ

## べんきょう／しゅみ
Study / Hobbies ／ Học tập / Thú vui

わたしの　しゅみは　べんきょうです。へへへ (^^)/

## § べんきょう

| | | | |
|---|---|---|---|
| ☐ | べんきょう | study | học tập, học |
| ☐ | いみ | meaning<br>この　ことばの　いみを　おしえてください。 | ý nghĩa |
| ☐ | えいご | English<br>ジョンさんは　えいごを　はなします。 | tiếng Anh |
| ☐ | カタカナ | katakana character<br>なまえを　カタカナで　かきます。 | chữ cứng katakana |
| ☐ | かんじ | kanji/Chinese character | chữ Hán |
| ☐ | ～ご | にほんご = Japanese language | tiếng ~, tiếng Nhật |
| ☐ | こたえ | answer | câu trả lời |
| ☐ | ことば | word | từ vựng |
| ☐ | さくぶん | composition | tập làm văn, tập sáng tác |
| ☐ | じしょ | dictionary | từ điển |
| ☐ | じゅぎょう | class | giờ học |
| ☐ | しゅくだい | homework | bài tập về nhà |
| ☐ | ノート | notebook | vở ghi chép |
| ☐ | ばんごう | number | số, số thứ tự |
| ☐ | ひらがな | hiragana character | chữ mềm hiragana |
| ☐ | ぶんしょう | sentence/writing | văn bản |
| ☐ | もんだい | question/problem | vấn đề |

## § しゅみ

| | | | |
|---|---|---|---|
| ☐ | しゅみ | hobby | thú vui, sở thích |
| ☐ | アニメ | animation | anime, phim hoạt hình |
| ☐ | うた | song | bài hát |
| ☐ | え | picture/painting | bức tranh |
| ☐ | えいが | movie | phim ảnh |
| ☐ | おんがく | music | âm nhạc |
| ☐ | かいもの | shopping | mua sắm |
| ☐ | ゲーム | game | trò chơi |
| ☐ | こえ | voice | giọng, tiếng nói |
| ☐ | しゃしん | photograph | bức ảnh |
| ☐ | スポーツ | sport | thể thao |
| ☐ | パソコン | PC | máy tính |
| ☐ | はなし | talk/story | câu chuyện |

## § りょこう

| | | | |
|---|---|---|---|
| ☐ | りょこう | travel | du lịch |
| ☐ | がいこく | foreign country | nước ngoài |
| ☐ | くに | country | đất nước |
| ☐ | きっぷ | ticket | vé |
| ☐ | くるま | car | xe ôtô |
| ☐ | じてんしゃ | bicycle | xe đạp |
| ☐ | じどうしゃ | car | xe ôtô |
| ☐ | ちゅうしゃじょう | parking lot | bãi đỗ xe |
| ☐ | でんしゃ | train | tàu điện |
| ☐ | ちかてつ | subway | đường sắt |
| ☐ | にもつ | luggage/baggage | hành lý, đồ đạc |
| ☐ | ひこうき | airplane | máy bay |
| ☐ | やすみ | holiday/rest | ngày nghỉ |

## 【れんしゅう】

**もんだい1** （　）に　なにを　いれますか。

1) （　　　）が　おもいですから、タクシーに　のりましょう。
   1　がいこく　　　　2　みち
   3　にもつ　　　　　4　そと

2) 9じに　（　　　）が　はじまります。
   1　じゅぎょう　　　2　しゅくだい
   3　ぶんしょう　　　4　ばんごう

3) あねと　（　　　）を　みました。
   1　うた　　　　　　2　はなし
   3　かいもの　　　　4　えいが

4) この　えきで　（　　　）に　のりかえます。
   1　きっぷ　　　　　2　ちかてつ
   3　にもつ　　　　　4　ちゅうしゃじょう

5) デパートへ　（　　　）に　いきました。
   1　じてんしゃ　　　2　しゃしん
   3　かいもの　　　　4　じしょ

もんだい2　____のぶんと　だいたい　おなじ　いみの　ぶんは　どれですか。

6) せんしゅう、やすみでした。
　　1　せんしゅう、しごとを　します。
　　2　せんしゅう、しごとを　しません。
　　3　せんしゅう、しごとを　しました。
　　4　せんしゅう、しごとを　しませんでした。

7) うちで　しゅくだいを　します。
　　1　うちで　てつだいます。
　　2　うちで　べんきょうします。
　　3　わたしは　だいがくせいです。
　　4　わたしは　いしゃです。

81ページで　こたえを　かくにん！

◆ P.72-73の解答　　1) 3　2) 4　3) 3　4) 2　5) 3　6) 3
　　　　　　　　　　7) 4

# ごい 9日目 / カタカナの ことば

Foreign words
Từ ngoại lai

## § カタカナの ことば

| | | |
|---|---|---|
| ☐ アパート | flat/apartment | nhà trọ |
| | こうえんの まえに アパートが あります。 | |
| ☐ エアコン | air conditioner | điều hòa |
| | エアコンを つけましょうか。 | |
| ☐ エレベーター | elevator | thang máy |
| | この ビルには エレベーターが ありません。 | |
| ☐ カメラ | camera | máy chụp ảnh |
| | かばんの なかに カメラが あります。 | |
| ☐ ギター | guitar | đàn Ghi-ta |
| | ギターを ひくことが できます。 | |
| ☐ クラス | class | lớp học |
| | クラスの ともだちと えいがを みました。 | |
| ☐ コップ | cup | cốc |
| ☐ コピー | copy | phô tô |
| ☐ CDデッキ | CD player | đài chạy đĩa, máy nghe nhạc |
| ☐ シャワー | shower | vòi tắm hoa sen |
| ☐ ストーブ | heater | lò sưởi |
| ☐ スプーン | spoon | thìa |
| ☐ セロハンテープ | cellophane tape | băng dính |
| ☐ タクシー | taxi | taxi |
| ☐ テープ | tape/cassette tape | băng đài |
| ☐ テーブル | table | bàn (không có ngăn) |
| ☐ テスト | test | bài kiểm tra |

ごい　9日目

| | | | |
|---|---|---|---|
| ☐ | テレビ | television<br>まいにち　テレビを　みます。 | tivi |
| ☐ | ナイフ | knife<br>ナイフで　りんごを　きります。 | dao |
| ☐ | ニュース | news<br>ラジオで　ニュースを　ききました。 | tin tức |
| ☐ | パーティー | party | bữa tiệc |
| ☐ | バス | bus | xe buýt |
| ☐ | ハンカチ | handkerchief | khăn tay |
| ☐ | ピアノ | piano | đàn piano |
| ☐ | ビル | building | tòa nhà |
| ☐ | フィルム | film | phim |
| ☐ | プール | pool | bể bơi |
| ☐ | フォーク | fork | dĩa |
| ☐ | プリンター | printer | máy in |
| ☐ | ページ | page | trang |
| ☐ | ベッド | bed | giường |
| ☐ | ペット | pet | thú cưng |
| ☐ | ポケット | pocket | túi |
| ☐ | ボタン | button | cúc, nút |
| ☐ | ホッチキス | staple | dập ghim |
| ☐ | メール | email | e-mail |
| ☐ | メールアドレス | email address | địa chỉ e-mail |
| ☐ | ラーメン | Chinese noodles<br>にほんの　ラーメンが　すきです。 | mỳ Ramen |
| ☐ | ラジオ | radio | đài cát-sét |

【れんしゅう】

もんだい1　（　）に　なにを　いれますか。

1）しょくじの　まえに　（　　　）を　あびます。
　　1　プール　　　　　　2　シャワー
　　3　テレビ　　　　　　4　テスト

2）おとうとは　まいにち　（　　　）を　ひきます。
　　1　コップ　　　　　　2　ペット
　　3　ギター　　　　　　4　タクシー

3）（　　　）で　5かいへ　いきます。
　　1　エアコン　　　　　2　エレベーター
　　3　ストーブ　　　　　4　プリンター

4）わたしの　へやは　この　（　　　）の　2かいです。
　　1　アパート　　　　　2　ハンカチ
　　3　ストーブ　　　　　4　ボタン

5）テレビで　じしんの　（　　　）を　みました。
　　1　ジュース　　　　　2　ニュース
　　3　ビル　　　　　　　4　ビール

もんだい2　＿＿＿のぶんと　だいたい　おなじ　いみの　ぶんは　どれですか。

6) しゅみは　カメラです。
   1　よく　ほんを　よみます。
   2　よく　りょこうを　します。
   3　よく　ラジオを　ききます。
   4　よく　しゃしんを　とります。

7) テーブルに　スプーンや　フォークを　ならべます。
   1　もうすぐ　しょくじを　します。
   2　もうすぐ　スポーツを　します。
   3　もうすぐ　レストランへ　いきます。
   4　もうすぐ　DVDを　みます。

85ページで　こたえを　かくにん！

◆ P.76-77 の解答　　1) 3　　2) 1　　3) 4　　4) 2　　5) 3　　6) 4
7) 2

# どうし（1）

**Verbs (1)**
**Động từ (1)**

## § どうし

| | | |
|---|---|---|
| ☐ あいます | meet | gặp |
| ☐ あきます | open<br>ぎんこうは 9じに あきます。 | mở, trống |
| ☐ あけます | open<br>まどを あけます。 | mở, để trống |
| ☐ あげます | give | cho, tặng |
| ☐ あそびます | play<br>こどもが こうえんで あそんでいます。 | chơi |
| ☐ あびます | take [a shower]<br>ちちは シャワーを あびています。 | tắm |
| ☐ あらいます | wash | rửa |
| ☐ あります | have, exist<br>あした テストが あります。<br>へやに ほんだなが あります。 | có (dùng cho tĩnh vật) |
| ☐ あるきます | walk | đi bộ |
| ☐ いいます | say | nói |
| ☐ いきます | go | đi |
| ☐ います | be<br>さとうさんは あそこに います。 | ở, có (dùng cho sinh vật) |
| ☐ いります | need<br>あめですから、かさが いります。 | cần |
| ☐ いれます | put<br>かばんに さいふを いれました。 | cho vào, nhét vào |

ごい 10日目

| ☐ うたいます | sing | hát |
|---|---|---|
| ☐ うまれます | be born | được sinh ra |
| ☐ うります | sell | bán |
| ☐ おきます<br>（起きます） | get up<br>まいあさ 6じに おきます。 | thức dậy |
| ☐ おきます<br>（置きます） | put/place<br>テーブルの うえに めがねを おきました。 | đặt, để |
| ☐ おしえます | teach | dạy |
| ☐ おぼえます | memorize | ghi nhớ |
| ☐ およぎます | swim | bơi |
| ☐ おります | get off<br>つぎの えきで でんしゃを おります。 | xuống khỏi |
| ☐ おわります | finish | kết thúc, xong |
| ☐ かいます | buy | mua |
| ☐ かえします | give back, return | trả lại |
| ☐ かえります | go home, return | trở lại |
| ☐ かかります | take, cost<br>いえから かいしゃまで 1じかん かかります。 | tốn, mất |
| ☐ かきます | write | viết |
| ☐ かけます | wear [glasses]<br>あには めがねを かけています。 | mặc, đã, đeo (kính) |
| ☐ かけます | make [a phone call]<br>ともだちに でんわを かけます。 | gọi (điện thoại) |
| ☐ かします | lend | cho mượn |
| ☐ かぶります | wear [a hat]<br>いいださんは いつも ぼうしを かぶっています。 | đội |
| ☐ かります | borrow | mượn |

83

【れんしゅう】

もんだい1　（　）に　なにを　いれますか。

1）バスが　きませんから　（　　　）ましょう。
　　1　こまり　　　　　　2　かえし
　　3　うり　　　　　　　4　あるき

2）おさらを　（　　　）ください。
　　1　あらって　　　　　2　おきて
　　3　たべて　　　　　　4　かいて

3）ははは　ぼうしを　（　　）でかけました。
　　1　かけて　　　　　　2　かぶって
　　3　かして　　　　　　4　かかって

4）たなかさんは　じょうずに　うたを　（　　　）。
　　1　あそびます　　　　2　いいます
　　3　うたいます　　　　4　おります

5）あたらしい　クラスの　ともだちの　なまえを　（　　　）か。
　　1　おきました　　　　2　あげました
　　3　おぼえました　　　4　ありました

84

| もんだい2 | ＿＿＿のぶんと　だいたい　おなじ　いみの　ぶんは　どれですか。 |

6) この　ゆうびんきょくは　10じからです。
　　1　この　ゆうびんきょくは　10じに　かいます。
　　2　この　ゆうびんきょくは　10じに　うまれます。
　　3　この　ゆうびんきょくは　10じに　あきます。
　　4　この　ゆうびんきょくは　10じに　おきます。

7) あねは　ともだちから　ほんを　かりました。
　　1　ともだちは　あねに　ほんを　かえしました。
　　2　ともだちは　あねに　ほんを　かえりました。
　　3　ともだちは　あねに　ほんを　かいました。
　　4　ともだちは　あねに　ほんを　かしました。

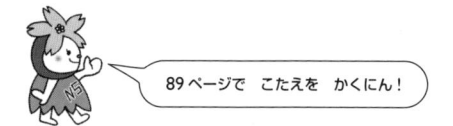

89ページで　こたえを　かくにん！

得点　／7

◆ P.80-81 の解答　　1) 2　2) 3　3) 2　4) 1　5) 2　6) 4
　　　　　　　　　　7) 1

# ごい 11日目 どうし (2)  Verbs (2) / Động từ (2)

## § どうし

| | | | |
|---|---|---|---|
| ☐ きえます | turn off/go off | | tắt, biến mất |
| | でんきが きえます。 | | |
| ☐ ききます | hear/listen/ask | | nghe, hỏi |
| | へやで おんがくを ききます。 | | |
| | みせの ひとに トイレの ばしょを ききました。 | | |
| ☐ きます（着ます） | wear/put on | | mặc |
| | さむいですから、コートを きます。 | | |
| ☐ きます（来ます） | come | | đến nơi |
| | ともだちが あそびに きました。 | | |
| ☐ きります | cut | | cắt |
| ☐ けします | erase/put out/switch off | | xóa, tắt |
| | テレビを けしてください。 | | |
| ☐ こたえます | answer | | trả lời |
| ☐ こまります | have difficulty | | lúng túng, bối rối, khó xử |
| | こまったときは れんらくしてください。 | | |
| ☐ さきます | bloom | | nở (hoa) |
| ☐ します | do | | làm |
| | きょうは しごとを しません。 | | |
| ☐ しまります | close | | đóng (nội động từ) |
| ☐ しめます | close | | đóng (ngoại động từ) |
| ☐ しります | get to know | | biết |
| ☐ すいます | smoke [a cigarette] | | hút |
| | たばこを すいます。 | | |
| ☐ すみます | live | | sống |
| | あねと とうきょうに すんでいます。 | | |

86

| | | | |
|---|---|---|---|
| ☐ | すわります | sit down | ngồi |
| ☐ | だします | take out/hand in<br>かばんから　さいふを　だします。<br>レポートを　せんせいに　だします。 | lấy ra, đưa ra, nộp |
| ☐ | たちます | stand up | đứng lên |
| ☐ | たのみます | ask [a favor] | nhờ vả |
| ☐ | たべます | eat | ăn |
| ☐ | ちがいます | be different | khác biệt |
| ☐ | つかいます | use | sử dụng |
| ☐ | つかれます | get tired | bị mệt, thấy mệt |
| ☐ | つきます | arrive | đến nơi |
| ☐ | つくります | make | làm |
| ☐ | つけます | turn on<br>でんきを　つけます。 | bật lên |
| ☐ | つとめます | work for<br>りょこうがいしゃに　つとめています。 | làm việc, công tác tại |
| ☐ | でかけます | go out | đi ra ngoài |
| ☐ | とびます | fly | bay |
| ☐ | とまります | stop<br>くるまが　とまります。 | dừng, đỗ |
| ☐ | とります<br>(取ります) | take/pass<br>すみませんが、さとうを　とってください。 | lấy đi, lấy |
| ☐ | とります<br>(撮ります) | take [a picture]<br>みんなで　しゃしんを　とりましょう。 | chụp ảnh |
| ☐ | なきます | cry/chirp/bark<br>とりが　ないています。 | khóc, kêu |
| ☐ | なくします | lose | làm mất, đánh mất |
| ☐ | ならいます | learn | học |

【れんしゅう】

もんだい1　（　）に　なにを　いれますか。

1) さむいですから　まどを　（　　　）ください。
　　1　きえて　　　　　　2　けして
　　3　しめて　　　　　　4　だして

2) きれいな　はなが　（　　　）います。
　　1　ないて　　　　　　2　さいて
　　3　きいて　　　　　　4　ふいて

3) ここで　たばこを　（　　　）いけません。
　　1　すっては　　　　　2　すいては
　　3　すんては　　　　　4　すんでは

4) 10キロ　はしりましたから、（　　　）。
　　1　こまりました　　　2　しまりました
　　3　つかれました　　　4　たのみました

5) ゆきが　ふっていますから、コートを　（　　　）。
　　1　かけます　　　　　2　きます
　　3　はきます　　　　　4　します

88

ごい・11日目

もんだい2　＿＿＿のぶんと　だいたい　おなじ　いみの　ぶんは　どれですか。

6) わたしは　イタリアごを　ならいます。
　　1　わたしは　イタリアごを　べんきょうします。
　　2　わたしは　イタリアごを　よみます。
　　3　わたしは　イタリアごを　しっています。
　　4　わたしは　イタリアごを　つかいたいです。

7) わたしは　としょかんに　つとめています。
　　1　わたしは　としょかんで　けんがくを　しています。
　　2　わたしは　としょかんで　べんきょうを　しています。
　　3　わたしは　としょかんで　うんどうを　しています。
　　4　わたしは　としょかんで　しごとを　しています。

93ページで　こたえを　かくにん！

得点　／7

◆ P.84-85の解答　　1) 4　2) 1　3) 2　4) 3　5) 3　6) 3
　　　　　　　　　　7) 4

# ごい 12日目 どうし（3） Verbs (3) / Động từ (3)

※の ページも みてね。

§ どうし

| | | | |
|---|---|---|---|
| ☐ | ならべます | place in a row/line up | sắp xếp |
| ☐ | なります | become/get | trở nên, trở thành |
| | | もうすぐ はるに なります。 | |
| ☐ | ぬぎます | take off [clothes/shoes] | cởi, bỏ |
| ☐ | ねます | sleep | ngủ |
| ☐ | のぼります | climb | leo trèo |
| ☐ | のみます | drink | uống |
| ☐ | のります | get on [a train] /ride | đi xe, đi tàu |
| ☐ | はいります | enter/take [a bath] | đi vào, nhập (trường) |
| | | らいげつ、だいがくに はいります。 しょくじの あと、おふろに はいります。 | |
| ☐ | はきます | put on [shoes] | xỏ (giầy), mặc (quần) |
| ☐ | はじまります | begin | bắt đầu |
| ☐ | はしります | run | chạy |
| ☐ | はたらきます | work | làm việc |
| | | 9じから 5じまで はたらきます。 | |
| ☐ | はなします | talk/speak | nói, nói chuyện |
| ☐ | はります | stick | dán |
| | | きってを はってから、てがみを だします。 | |
| ☐ | ひきます | play [a string instrument] | chơi, gảy |
| | | まいにち ピアノを ひきます。 | |
| ☐ | ふきます | blow | thổi |
| | | つよい かぜが ふいていました。 | |

ごい 12日目

| | | | |
|---|---|---|---|
| ☐ ふります | fall | mưa rơi, tuyết rơi | |
| | そとは あめが ふっています。 | | |
| ☐ まがります | turn | rẽ | |
| | つぎの かどを みぎに まがってください。 | | |
| ☐ まちがえます | make a mistake | nhầm lẫn | |
| ☐ まちます | wait | đợi | |
| ☐ みがきます | polish/brush | mài giũa | |
| ☐ みせます | show | thể hiện ra, cho xem | |
| ☐ みます | see/look at/watch | nhìn | |
| ☐ もちます | hold | giữ, cầm | |
| ☐ やすみます | take a rest/take a holiday | nghỉ ngơi, nghỉ | |
| ☐ わかります | understand | hiểu | |
| ☐ わすれます | forget | quên | |
| ☐ わたります | cross | băng qua, đi qua | |
| | このみちを わたります。 | | |

§ ひんど

| | | | |
|---|---|---|---|
| ☐ いつも | always | luôn luôn | ※p.47 |
| | いつも あるいて がっこうへ いきます。 | | |
| ☐ よく | often | thường, rất hay | ※p.103 |
| | よく この レストランで しょくじします。 | | |
| ☐ ときどき | sometimes | thỉnh thoảng | |
| | ときどき えいがを みに いきます。 | | |
| ☐ あまり……ません | not much | không mấy | |
| | ケーキは あまり たべません。 | | |
| ☐ ぜんぜん……ません | not at all | hoàn toàn không | |
| | たなかさんは がっこうへ ぜんぜん いきません。 | | |

91

【れんしゅう】

もんだい1　（　）に　なにを　いれますか。

1）さとうさんは　（　　　）おさけを　のみます。
　　1　あまり　　　　　　2　なにも
　　3　ぜんぜん　　　　　4　よく

2）げんかんで　くつを　（　　　）。
　　1　はしります　　　　2　ちがいます
　　3　ぬぎます　　　　　4　でかけます

3）ここで　タクシーに　（　　　）。
　　1　あがりましょう　　2　つきましょう
　　3　はいりましょう　　4　のりましょう

4）ははは　よく　ピアノを　（　　　）。
　　1　ひきます　　　　　2　つきます
　　3　ふきます　　　　　4　はたらきます

5）ともだちに　かぞくの　しゃしんを　（　　　）。
　　1　まちがえます　　　2　みせます
　　3　ならべます　　　　4　とります

ごい 12日目

もんだい2　＿＿＿のぶんと　だいたい　おなじ　いみの　ぶんは
どれですか。

6）えいがは　3じから　です。

　　1　えいがは　3じに　あきます。
　　2　えいがは　3じに　あけます。
　　3　えいがは　3じに　はじまります。
　　4　えいがは　3じに　はしります。

7）くつを　みがきます。

　　1　くつが　おおきく　なります。
　　2　くつが　きれいに　なります。
　　3　くつが　ふるく　なります。
　　4　くつが　じょうぶに　なります。

97ページで　こたえを　かくにん！

得点　　／7

◆ P.88-89 の解答　　1）3　2）2　3）1　4）3　5）2　6）1
　　　　　　　　　　7）4

# ごい 13日目 けいようし（1）  Adjectives (1) / Tính từ (1)

## § いけいようし　ペア

| | |
|---|---|
| ☐ あかるい ⇔ くらい | bright ⇔ dark<br>sáng ⇔ tối<br>この　げんかんは　あかるくて　ひろいです。 |
| ☐ あたたかい ⇔ すずしい | warm ⇔ cool (weather)<br>ấm ⇔ áp<br>エアコンで　へやが　あたたかく　なりました。 |
| ☐ あたらしい ⇔ ふるい | new ⇔ old<br>mới ⇔ cũ |
| ☐ あつい ⇔ さむい | hot ⇔ cold (weather)<br>nóng ⇔ lạnh<br>とうきょうの　なつは　とても　あついですね。 |
| ☐ あつい ⇔ うすい | thick ⇔ thin<br>dày ⇔ mỏng<br>その　あつい　ほんは　じしょです。 |
| ☐ いい ⇔ わるい | good ⇔ bad<br>tốt ⇔ xấu |
| ☐ おいしい ⇔ まずい | delicious ⇔ bad<br>ngon ⇔ dở |
| ☐ おおい ⇔ すくない | many/much ⇔ little/few<br>nhiều ⇔ ít |
| ☐ おおきい ⇔ ちいさい | big ⇔ small<br>to ⇔ nhỏ |

ごい 13日目

| | |
|---|---|
| ☐ おそい ⇔ はやい | slow/late ⇔ fast/early<br>chậm/muộn ⇔ nhanh/sớm<br>タクシーの ほうが はやいです。<br>あねは おきるじかんが わたしより はやいです。 |
| ☐ おもい ⇔ かるい | heavy ⇔ light<br>nặng ⇔ nhẹ |
| ☐ おもしろい ⇔ つまらない | interesting ⇔ boring<br>thú vị ⇔ chán, nhàm chán |
| ☐ せまい ⇔ ひろい | narrow ⇔ wide<br>hẹp ⇔ rộng |
| ☐ たかい ⇔ ひくい | high ⇔ low<br>cao ⇔ thấp<br>あの たかい たてものは なんですか。 |
| ☐ たかい ⇔ やすい | expensive ⇔ inexpensive<br>đắt ⇔ rẻ<br>タクシーは たかいですから あるきましょう。 |
| ☐ ちかい ⇔ とおい | close/near ⇔ far<br>gần ⇔ xa |
| ☐ ながい ⇔ みじかい | long ⇔ short<br>dài ⇔ ngắn |
| ☐ ふとい ⇔ ほそい | thick ⇔ thin<br>béo, mập ⇔ gầy, thon<br>こうえんに ふとい きが あります。 |
| ☐ むずかしい ⇔ やさしい | difficult ⇔ easy<br>khó ⇔ dễ |

95

## 【れんしゅう】

**もんだい1**　(　)に　なにを　いれますか。

1) ここは　(　　　)です。でんきを　つきましょう。
　　1　さむい　　　　　2　くらい
　　3　あつい　　　　　4　あかるい

2) この　みせの　やさいは　(　　　)ですから、いつも　ほかの　みせで　かいます。
　　1　たかい　　　　　2　ひくい
　　3　さむい　　　　　4　あたらしい

3) わたしの　へやは(　　　)ですが、えきから　ちかくて　べんりです。
　　1　あたらしい　　　2　おおい
　　3　かるい　　　　　4　せまい

4) この　もんだいは　(　　　)、わかりません。
　　1　おもしろくて　　2　すくなくて
　　3　むずかしくて　　4　みじかくて

5) たかはしさんは　あたまが　(　　　)、しんせつな　ひとです。
　　1　いいで　　　　　2　いくて
　　3　よいで　　　　　4　よくて

96

ごい 13日目

もんだい2　＿＿＿のぶんと　だいたい　おなじ　いみの　ぶんは　どれですか。

6）この　にくは　まずいです。

　　1　この　にくは　あついです。
　　2　この　にくは　おもいです。
　　3　この　にくは　おいしくないです。
　　4　この　にくは　たかくないです。

7）この　ほんは　おもしろくなかったです。

　　1　この　ほんは　たのしかったです。
　　2　この　ほんは　やさしかったです。
　　3　この　ほんは　つまらなかったです。
　　4　この　ほんは　ふるかったです。

101ページで　こたえを　かくにん！

得点　／7

◆ P.92-93 の解答　　1）4　2）3　3）4　4）1　5）2　6）3
　　　　　　　　　　7）2

# ごい 14日目 / けいようし（2）

**Adjectives (2)**
**Tính từ (2)**

§ いけいようし

| | | | |
|---|---|---|---|
| ☐ あぶない | dangerous | | nguy hiểm |
| | ここは あぶないですから はいらないでください。 | | |
| ☐ あまい | sweet | | ngọt |
| | この おかしは とても あまいです。 | | |
| ☐ いそがしい | busy | | bận rộn |
| | まいにち いそがしいですが、たのしいです。 | | |
| ☐ いたい | painful, hurt | | đau |
| | あたまが いたいです。 | | |
| ☐ うるさい | noisy | | ồn ào, phiền phức |
| | となりの へやが うるさいですから、べんきょうで きません。 | | |
| ☐ うれしい | glad | | vui mừng |
| | ともだちが たくさん できて、うれしいです。 | | |
| ☐ からい | spicy, hot | | cay |
| | この りょうりは からいですか。 | | |
| ☐ かわいい | cute | | đáng yêu |
| | あそこに かわいい いぬが います。 | | |
| ☐ きたない | dirty, disorder | | bẩn |
| ☐ さびしい | lonely | | buồn chán, cô đơn |
| ☐ たのしい | fun | | vui vẻ |
| ☐ まるい | round | | tròn |
| ☐ わかい | young | | trẻ, non |

## § なけいようし

| | | | |
|---|---|---|---|
| ☐ | いろいろ | various<br>クラスに いろいろな くにの ひとが います。 | nhiều, đa dạng |
| ☐ | かんたん | easy/simple | dễ dàng, đơn giản |
| ☐ | きらい | dislike<br>きらいな たべものが ありますか。 | đáng ghét, ghét |
| ☐ | きれい | beautiful/clean | đẹp, sạch sẽ |
| ☐ | げんき | healthy/energetic | khỏe mạnh |
| ☐ | ざんねん | regretful | đáng tiếc |
| ☐ | しずか | quiet | yên tĩnh |
| ☐ | じょうず | good<br>はやしさんは テニスが じょうずですね。 | bền, chắc |
| ☐ | じょうぶ | strong<br>この いすは じょうぶです。 | vững chãi |
| ☐ | しんぱい | worried | lo lắng, lo ngại |
| ☐ | すき | like<br>わたしは ふるい えいがが すきです。 | thích |
| ☐ | だいじょうぶ | okay | ổn, không sao |
| ☐ | たいせつ | precious/valuable | quan trọng |
| ☐ | たいへん | tough | vất vả, khó khăn |
| ☐ | にぎやか | lively | nhộn nhịp |
| ☐ | ひま | not busy | rảnh rỗi |
| ☐ | ふべん | inconvenient | bất tiện |
| ☐ | へた | clumsy/poor at | kém, tệ |
| ☐ | べんり | convenient | tiện lợi |
| ☐ | むり | impossible | quá sức, không thể |
| ☐ | ゆうめい | famous | nổi tiếng |
| ☐ | りっぱ | magnificent | hoành tráng, tuyệt vời |

## 【れんしゅう】

**もんだい1** （　）に なにを いれますか。

1) あしが（　　　）ですから、びょういんへ いきます。
   1　へた　　　　　2　たいせつ
   3　じょうぶ　　　4　いたい

2) この ケーキは（　　　）、おいしいです。
   1　ほしくて　　　2　たいへんで
   3　いろいろで　　4　あまくて

3) ここは くるまが おおくて（　　　）です。
   1　あぶない　　　2　いたい
   3　げんき　　　　4　しずか

4) けさ そうじしましたから へやは（　　　）です。
   1　たいせつ　　　2　たいへん
   3　きれい　　　　4　きらい

5) とうきょうは コンビニが たくさん ありますから、（　　　）です。
   1　じょうず　　　2　かんたん
   3　べんり　　　　4　りっぱ

ごい 14日目

**もんだい2** ＿＿＿のぶんと だいたい おなじ いみの ぶんは どれですか。

6) せんしゅうの にちようびは ひまでした。
   1　せんしゅうの にちようびは なにも しませんでした。
   2　せんしゅうの にちようびは いそがしかったです。
   3　せんしゅうの にちようびは にぎやかでした。
   4　せんしゅうの にちようびは たのしかったです。

7) りょうしんは げんきです。
   1　りょうしんは ふたりで すんでいます。
   2　りょうしんは びょうきじゃありません。
   3　りょうしんは はたらいています。
   4　りょうしんは いそがしいです。

8) ちちは 48さいです。ははは 50さいです。
   1　ちちは ははより まるいです。
   2　ちちは ははより からいです。
   3　ちちは ははより わかいです。
   4　ちちは ははより ふるいです。

105ページで こたえを かくにん！

得点　　／8

◆ P.96-97の解答　　1）2　2）1　3）4　4）3　5）4　6）3　7）3

# ごい 15日目 / そのほか — Others / Ngoài ra

## § そのほか

| |  |  |  |
|---|---|---|---|
| ☐ | いちばん | the best | số 1, nhất |
| | | にほんの アニメで なにが いちばん すきですか。 | |
| ☐ | いっしょ（に） | together | cùng nhau |
| | | いっしょに えいがを みに いきませんか。 | |
| ☐ | おおぜい | crowd | đông |
| | | えきの まえに ひとが おおぜい います。 | |
| ☐ | おなじ | same | giống nhau |
| ☐ | さきに | first/in advance | trước |
| | | たなかさんは さきに かえりました。 | |
| ☐ | すこし | a little | một chút |
| | | ベトナムごが すこし わかります。 | |
| ☐ | すぐ（に） | right now | ngay lập tức |
| ☐ | ぜんぶ | all | toàn bộ |
| ☐ | たくさん | a lot | rất nhiều |
| ☐ | たぶん | maybe | có lẽ |
| ☐ | だんだん | gradually | dần dần |
| ☐ | ちょうど | exactly | vừa đúng |
| | | いま、ちょうど １２じです。 | |
| ☐ | ちょっと | a little | một chút |
| | | ちょっと やすみませんか。 | |

| | | | |
|---|---|---|---|
| ☐ | つぎ | next<br>つぎの えきで おります。 | tiếp, ngay sau |
| ☐ | とても | very | rất |
| ☐ | はじめ | at first<br>にほんごの べんきょうは、はじめは むずかしかったですが、いまは たのしいです。 | lúc đầu, đầu tiên |
| ☐ | はじめて | for the first time<br>にほんで はじめて スキーを しました。 | lần đầu |
| ☐ | はんぶん | half | một nửa |
| ☐ | ほか | other<br>ほかに しつもんが ありますか。 | khác, ngoài ra |
| ☐ | ほんとう（に） | really | rất, thực sự rất |
| ☐ | また | again | lại |
| ☐ | まだ | still, yet<br>わたしは まだ がくせいです。 | vẫn |
| ☐ | まっすぐ | straight<br>この みちを まっすぐ いってください。 | thẳng, đi thẳng |
| ☐ | もう | already<br>たなかさんは もう かいぎしつへ いきました。 | rồi |
| ☐ | もう | another …, … more<br>すみませんが、もういちど せつめいしてください。 | thêm nữa |
| ☐ | もっと | more<br>もっと ゆっくり はなしてください。 | hơn nữa |
| ☐ | ゆっくり（と） | slowly | chậm rãi |
| ☐ | よく | often<br>この ほんやに よく きます。 | thường, rất hay ※p.91 |
| ☐ | よく | well<br>せんしゅうの テストは よく できました。 | tốt |

## 【れんしゅう】

**もんだい1** （　）に　なにを　いれますか。

1) わたしは　かぞくと　（　　　）　すんでいます。
　　1　たくさん　　　　2　はんぶん
　　3　いっしょに　　　4　ぜんぶ

2) この　みちを　（　　　）いって、つぎの　かどを　まがります。
　　1　まっすぐ　　　　2　ほんとう
　　3　はじめて　　　　4　よく

3) いま　（　　　）　6じ　です。
　　1　とても　　　　　2　だんだん
　　3　ちょうど　　　　4　ゆっくり

4) ここに　ある　DVDの　なかで　どれが　（　　　）おもしろいですか。
　　1　いちばん　　　　2　おなじ
　　3　はじめ　　　　　4　もう

5) よしださんは　（　　　）　かえりました。
　　1　よく　　　　　　2　もう
　　3　まだ　　　　　　4　つぎ

ごい　15日目

**もんだい2**　＿＿＿のぶんと　だいたい　おなじ　いみの　ぶんは　どれですか。

6）パーティーに　ひとが　おおぜい　きました。
　　1　パーティーに　ひとが　ぜんぜん　きませんでした。
　　2　パーティーに　ひとが　あまり　きませんでした。
　　3　パーティーに　ひとが　すこし　きました。
　　4　パーティーに　ひとが　たくさん　きました。

7）らいしゅう　また　きます。
　　1　らいしゅう　2かい　きます。
　　2　もういちど　らいしゅう　きます。
　　3　らいしゅう　ふたりで　きます。
　　4　さらいしゅう　きます。

106ページで　こたえを　かくにん！

得点　　／7

◆ P.100-101 の解答　　1）4　2）4　3）1　4）3　5）3　6）1
　　　　　　　　　　　7）2　8）3

105

## ごい クイズ

◆ちがう グループの ことばは どれですか。

れい)
a. ジュース
b. こうちゃ
c.（さかな）
d. コーヒー
e. ぎゅうにゅう

1)
a. きょうかしょ
b. ペン
c. ほん
d. ノート
e. えき

2)
a. めがね
b. ズボン
c. くつした
d. スカート
e. くつ

3)
a. デパート
b. げんかん
c. としょかん
d. ぎんこう
e. きっさてん

4)
a. ひこうき
b. でんしゃ
c. くるま
d. ちず
e. じてんしゃ

5)
a. ひま
b. きれい
c. しずか
d. いそがしい
e. ゆうめい

49ページで こたえを かくにん！

◆P.104-105の解答　1) 3　2) 1　3) 3　4) 1　5) 2　6) 4
　　　　　　　　　7) 2

# Part 3
# ぶんぽう

- ◉ぶんぽうは　れいぶんと　いっしょに　べんきょうしましょう。
- ◉じょし（が、の、に、を etc.）の　もんだいも　でますから、べんきょうしましょう。
- ◉すこし　ながい　ぶんも　よめるように　なりましょう。

# ぶんぽう 1日目　こ・そ・あ・ど　あります・います

さあ、ぶんぽうの　べんきょうだ。　ぶんぽう、だいすき！

## こ・そ・あ・ど

◆　<u>これ・それ・あれ</u>　は　<u>（もの＊）</u>　です
　　<u>（もの＊）</u>　は　どれですか

　〈れい〉<u>あれ</u>は　ドイツの　車です。
　　　　That is a German car.
　　　　Đây là xe của Đức.

　〈れい〉山田さんの　かばんは　どれですか。
　　　　Which is Yamada-san's bag?
　　　　Đây là túi của anh Yamada.

◆　<u>ここ・そこ・あそこ</u>　は　<u>（ばしょ＊）</u>　です
　　～は　どこですか

　〈れい〉<u>そこ</u>は　かいぎしつです。
　　　　That place is a meeting room.
　　　　Đằng đó là phòng họp.

◆　この・その・あの・どの　＋（めいし＊）

　〈れい〉<u>この</u>　本は　としょかんの　本です。
　　　　This book is from the library.
　　　　Đây là sách ở thư viện

108

## あります・います

◆ ＿＿(ばしょ*)＿＿ に ｛ ＿＿(もの*)＿＿ が あります
　　　　　　　　　　＿＿(ひと*・どうぶつ*)＿＿ が います

〈れい〉あそこに ポストが あります。
　　　There is a mailbox over there.
　　　Ở đằng kia có hòm thư.

〈れい〉きょうしつに 先生が います。
　　　There is a teacher in the classroom.
　　　Ở trong lớp có thầy (cô) giáo.

◆ ＿＿(もの*)＿＿ は ＿＿(ばしょ*)＿＿ に あります
　＿＿(ひと*・どうぶつ*)＿＿ は ＿＿(ばしょ*)＿＿ に います

〈れい〉めがねは テレビの 上に あります。
　　　The glasses are on the television.
　　　Kính mắt thì ở trên tivi.

- - - - - - - - - - - - - - - - - - - - - - - - - - - - - - - - - - - - - - -

＊ もの = thing／vật, thứ
　 ばしょ = place／địa điểm
　 めいし = noun／danh từ
　 ひと = person／con người
　 どうぶつ = animals／động vật

109

# 【れんしゅう】

**もんだい1** （　）に 何を 入れますか。

1）（　　）は わたしの かさです。

　　　1　それ　　　2　その　　　3　そこ　　　4　あそこ


2）（　　）コートは 山田さんの ですか。

　　　1　あした　　2　あそこ　　3　あの　　　4　あれ


3）まいあさ、この（　　　）で コーヒーを のみます。

　　　1　ここ　　2　きっさてん　　3　わたしは　　4　まで


4）わたしの へやに つくえが ひとつ（　　）。

　　　1　あります　　2　あいます　　3　います　　4　します


5）なかがわさんは ロビー（　　）います。

　　　1　を　　2　で　　3　に　　4　の


6）へやに（　　）が います。

　　　1　つくえ　　2　はな　　3　ドア　　4　ねこ


7）この カメラ（　　　）中川さんの ですか。

　　　1　を　　2　の　　3　に　　4　は

**もんだい2** ★ に 入(はい)る ものは どれですか。

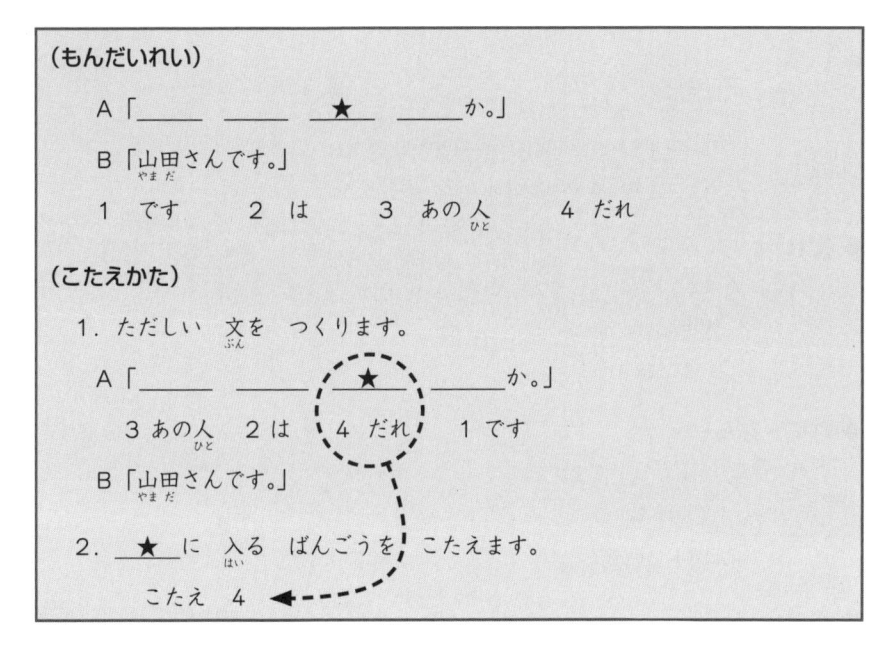

(もんだいれい)

A「＿＿＿ ＿＿＿ ★ ＿＿＿か。」
B「山田(やまだ)さんです。」
1 です　　2 は　　3 あの人(ひと)　　4 だれ

(こたえかた)

1. ただしい 文(ぶん)を つくります。
A「＿＿＿ ＿＿＿ ★ ＿＿＿か。」
　3 あの人(ひと)　2 は　4 だれ　1 です
B「山田(やまだ)さんです。」

2. ★ に 入(はい)る ばんごうを こたえます。
こたえ 4

8) A：すみません、＿＿＿ ＿＿＿ ★ ＿＿＿か。
　　B：あそこですよ。
　　1 は　　2 です　　3 おてあらい　　4 どこ

9) そこに りんごと みかん ＿＿＿ ＿＿＿ ★ ＿＿＿。
　　1 が　　2 あります　　3 みっつ　　4 ずつ

得点(とくてん) ／9

115ページで こたえを かくにん！

◆ P.170-173 の解答(かいとう)　　1) 1　2) 2　3) 2　4) 2　5) 4　6) 2
　　　　　　　　　　　　　　　7) 4　8) 4　9) 3　10) 1

111

# ぶんぽう 2日目（ふつかめ）

## いつ、だれ、なに etc.
## なにか・なにも etc.　～から

ここは　どこ？　わたしは　だれ？　いつ？？　なに？？

---

### いつ、だれ、なに etc.

◆ **いつ**　　　　　　　　　　　　　　　　　　　※p.112

〈れい〉いつ　たいしかんへ　行きますか。
　　　　When are you going to the embassy?
　　　　Khi nào bạn đi đến Đại sứ quán.

◆ **だれ**

〈れい〉だれが　ここへ　来ましたか。
　　　　Who came here?
　　　　Ai đã đến đây?

◆ **なに・なん**

〈れい〉これは　なんですか。
　　　　What is this?
　　　　Đây là cái gì?

◆ **どう**

〈れい〉なつやすみは　どうでしたか。
　　　　How were your summer holidays?
　　　　Kỳ nghỉ hè của bạn thế nào?

◆ **どうやって**

〈れい〉どうやって　びょういんへ　行きましたか。
　　　　How did you go to the hospital?
　　　　Bạn đã đi bệnh viện bằng cách nào?

---

**これもチェック！**

□ いくら　　□ いくつ　　□ どんな　　□ どこ
□ どれ　　　□ どちら（p.120）　□ どっち　□ どなた

112

ぶんぽう　2日目

## なにか・なにも etc.

◆ なに・だれ・どこ　か

〈れい〉なつやすみに　どこか　行きましたか。
Did you go anywhere during the summer holidays?
Bạn đã đi đâu vào kỳ nghỉ hè?

◆ なに・だれ・どこ　も・・・ません

〈れい〉かいぎしつには　だれも　いませんでした。
Nobody was in the meeting room.
Trong phòng họp không có ai.

## ～から

◆ どうして

〈れい〉どうして　がいこくで　はたらきたいですか。
Why do you want to work abroad?
Tại sao bạn lại muốn làm việc ở nước ngoài.

◆ ～から

〈れい〉A：どうして　毎日　早く　起きますか。
　　　 B：毎朝、ジョギングを　しますから。
A : Why do you get up early every day?
B : Because I jog every morning.
A : Vì sao sáng nào bạn cũng dậy sớm vậy?
B : Vì hàng sáng tôi đều chạy bộ thể dục.

〈れい〉時間が　ありませんから、タクシーに　のりましょう。
Let's take a taxi, because we have no time.
Vì không có thời gian nên chúng ta hãy đi bằng taxi nhé.

113

# 【れんしゅう】

## もんだい1　（　）に 何を 入れますか。

1) あの じょせいは （　　）ですか。
　　1　いつ　　　2　だれ　　　3　なに　　　4　どれ

2) ケイトさんは （　　）で うまれましたか。
　　1　いくつ　　2　どんな　　3　どこ　　　4　いつ

3) もう 1時です。（　　） 食べたいですね。
　　1　なにか　　2　なにも　　3　どこか　　4　どこも

4) あした テストです（　　）、きょうは どこも 行きません。
　　1　が　　　　2　から　　　3　ない　　　4　あと

5) A「りょこうは （　　）でしたか。」
　 B「とても たのしかったです。また 行きたいです。」
　　1　どう　　　2　どれ　　　3　どちら　　4　どこ

6) A：（　　） たいしかんへ 行きますか。
　 B：りょこうの ビザが ほしいですから。
　　1　どう　　2　どうして　3　どうやって　4　どんな

ぶんぽう 2日目

**もんだい2** ___ ★ ___ に 入る ものは どれですか。

7) A：ここ から えいがかん ____ ____ ★ ____ か。
   B：電車で 行きます。

   1 まで　2 どうやって　3 いきます　4 は

8) にちようびは ____ ____ ★ ____ 。

   1 いきませんでした　　2 ゆきでした
   3 どこも　　　　　　　4 から

9)（店で）
   かとう：すみません。
   　　　　とけいうりば ____ ____ ★ ____ か。
   店の人：4かいです。

   1 どこ　　2 は　　3 あります　　4 に

得点 / 9

◆ P.110-111の解答　1) 1　2) 3　3) 2　4) 1　5) 3　6) 4
　　　　　　　　　　7) 4　8) 4　9) 4

119ページで こたえを かくにん！

115

## ぶんぽう 3日目 (みっかめ)

# けいようし（1）

**Adjectives (1) / Tính từ (1)**

|  | いけいようし* |  | なけいようし* |  |
|---|---|---|---|---|
|  | こうてい* | ひてい* | こうてい* | ひてい* |
| ひかこ* | ＿＿いです<br>＿＿い | ＿＿くないです<br>＿＿くない | ＿＿です<br>＿＿だ | ＿＿じゃありません<br>＿＿じゃない |
| かこ* | ＿＿かったです<br>＿＿かった | ＿＿くなかったです<br>＿＿くなかった | ＿＿でした<br>＿＿だった | ＿＿じゃありませんでした<br>＿＿じゃなかった |
| てけい* | ＿＿くて | ＿＿くなくて | ＿＿で | ＿＿じゃなくて |

〈れい〉 あの　わかい　人は　だれですか。
　　　　 Who is that young person?
　　　　 Người trẻ tuổi kia là ai vậy?

〈れい〉 山田さんは　いつも　げんきです。
　　　　 Yamada-san is always energetic.
　　　　 Anh Yamada lúc nào cũng khỏe khoắn.

〈れい〉 その　えいがは　おもしろかったです。
　　　　 The movie was interesting.
　　　　 Bộ phim đó đã rất thú vị.

〈れい〉 この　へやは　あかるくて　ひろいです。
　　　　 This room is bright and spacious.
　　　　 Căn phòng này sáng sủa, rộng rãi.

---

*いけいようし = i-adjective ／ tính từ đuôi い　　　なけいようし = na-adjective ／ tính từ đuôi な
こうてい = affirmative ／ khẳng định　　　ひてい = negative ／ phủ định
ひかこ = non past ／ không phải quá khứ　　　かこ = past ／ quá khứ
てけい = te-form ／ thể て

◆ ＿＿（いけいようし）＿　く します
　＿＿（なけいようし・めいし＊）＿　に します

　〈れい〉かみを　みじかく　します。
　　　　　I'll have my hair cut short.
　　　　　Tôi sẽ cắt tóc.

　〈れい〉つくえの　上を　きれいに　します。
　　　　　I'll tidy up the desk surface.
　　　　　Tôi sẽ dọn sạch mặt bàn.

◆ ＿＿（いけいようし）＿　く なります
　＿＿（なけいようし・めいし＊）＿　に なります

　〈れい〉ふゆは　4時ごろ　くらく　なります。
　　　　　It gets dark around 4 o'clock in winter.
　　　　　Mùa đông thì tầm 4 giờ trời đã tối.

　〈れい〉あには　いしゃに　なりました。
　　　　　My elder brother became a doctor.
　　　　　Anh trai tôi đã trở thành bác sỹ.

◆ ＿＿（いけいようし）＿　く・・・
　＿＿（なけいようし・めいし＊）＿　に・・・

　〈れい〉もっと　大きく　書いて　ください。
　　　　　Please write it bigger.
　　　　　Hãy viết to hơn.

　〈れい〉水を　たいせつに　つかいます。
　　　　　I use water carefully.
　　　　　Sử dụng nước tiết kiệm.

＊めいし ＝ noun ／ danh từ

【れんしゅう】

もんだい1　（　）に　何を　入れますか。

1) この　店の　やさいは　（　　）。
　　1　安いです　　　　　2　安いだ
　　3　安いでした　　　　4　安いじゃありません

2) ともだちは　（　　）　なりました。
　　1　先生を　　2　先生で　　3　先生に　　4　先生の

3) テレビが　見たいですから、（　　）　帰ります。
　　1　はやく　　2　はやで　　3　はやに　　4　はやし

4) ナインさんは　（　　）　おもしろい　人です。
　　1　げんきて　　　　　2　げんきで
　　3　げんきくて　　　　4　げんきだで

5) あまい　コーヒーは　好きじゃありませんから、さとうを
　　（　　）して　ください。
　　1　少なく　　2　小さく　　3　多く　　4　大きく

6) としょかんでは　（　　）　しましょう。
　　1　しずかで　　2　しずかに　　3　しずかの　　4　しずかく

ぶんぽう　3日目

もんだい2　＿★＿に　入る　ものは　どれですか。

7) モデルは　＿＿＿＿　＿＿＿＿　＿★＿　＿＿＿＿が　多いです。

　　1　せ　　　　　　　　2　人
　　3　が　　　　　　　　4　高い

8) きのう　食べた　＿＿＿＿　＿＿＿＿　＿★＿　＿＿＿＿。

　　1　は　　　　　　　　2　です
　　3　おいしかった　　　4　りょうり

9) A：この　アパートは　どうですか。
　　B：そうですね。
　　　　もう少し　＿＿＿＿　＿＿＿＿　＿★＿　＿＿＿＿が　いいです。

　　1　アパート　　　　　2　近い
　　3　から　　　　　　　4　駅

123ページで　こたえを　かくにん！

得点　　／9

◆ P.114-115の解答　　1) 2　　2) 3　　3) 1　　4) 2　　5) 1　　6) 2
　　　　　　　　　　　7) 2　　8) 3　　9) 4

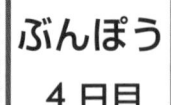

# ぶんぽう 4日目(よっかめ)　けいようし (2)

Adjectives (2)
Tính từ (2)

◆ _____は _____より　（けいようし*）　です

〈れい〉この　パソコンは　わたしの　パソコンより　かるいです。
　　　　This computer is lighter than mine.
　　　　Máy tính này nhẹ hơn máy tính của tôi.

〈れい〉あねは　わたしより　せが　ひくいです。
　　　　My elder sister is shorter than me.
　　　　Em gái tôi thấp hơn tôi.

〈れい〉ちかてつは　バスより　べんりです。
　　　　The subway is more convenient than the bus.
　　　　Tàu điện ngầm thì tiện hơn xe bus.

◆ _____と_____と　どちらが　（けいようし）　ですか

〈れい〉とうきょうと　おおさかと　どちらが　さむいですか。
　　　　Which is colder, Tokyo or Osaka?
　　　　Tokyo và Osaka thì ở đâu lạnh hơn.

〈れい〉やきゅうと　サッカーと　どちらが　好(す)きですか。
　　　　Which do you prefer, baseball or soccer?
　　　　Bạn thích bóng chày hay bóng đá hơn.

---

＊けいようし = adjectives ／ tính từ

120

◆ ＿＿＿のほうが　＿＿＿（けいようし）　です

　〈れい〉サッカーの　ほうが　好きです。
　　　　　I like soccer better.
　　　　　Tôi thích bóng đá hơn.

◆ ＿＿＿で＿＿＿が　いちばん　＿＿＿（けいようし）　です

　〈れい〉とうきょうは　1年で　8月が　いちばん　あついです。
　　　　　August is the hottest month of the year in Tokyo.
　　　　　Ở Tokyo thì trong một năm, tháng 8 là nóng nhất.

　〈れい〉わたしは　くだもので　ぶどうが　いちばん　好きです。
　　　　　I like grapes the most of all the fruits.
　　　　　Tôi thì thích nho nhất trong các loại hoa quả.

【れんしゅう】

もんだい1　（　）に　何を　入れますか。

1）ここから　くうこうまで　電車と　バスと　（　　）　はやいですか。
　　1　どうやって　　　　　2　どこが
　　3　どちらが　　　　　　4　どんなが

2）わたしの　母は　45さいです。父は　48さいです。
　　母は　父（　　）　3さい　わかいです。
　　1　のほうが　　　　　　2　もっと
　　3　から　　　　　　　　4　より

3）この　クラス（　　）　だれが　いちばん　げんきですか。
　　1　が　　　2　で　　　3　に　　　4　と

4）りんごは　100円です。オレンジは　150円です。
　　りんご（　　）やすいです。
　　1　より　　　　　　　　2　とどちらが
　　3　のほうが　　　　　　4　いちばん

5）この　こうえんは　あき（　　）　いちばん　きれいです。
　　1　が　　　2　で　　　3　に　　　4　を

もんだい2　＿★＿に 入る ものは どれですか。

6) この へやと＿＿＿ ＿＿＿ ＿★＿ ＿＿＿ですか。

　　1　ひろい　　　　　2　と
　　3　となりの へや　　4　どちらが

7) この ぼうしは ＿＿＿ ＿＿＿ ＿★＿ ＿＿＿ ちいさいです。

　　1　あたま　　　　　2　より
　　3　わたし　　　　　4　の

8) A：ノートパソコンと スマートフォンと
　　　どちらが べんりですか。
　　B：スマートフォン＿＿＿ ＿＿＿ ＿★＿ ＿＿＿です。

　　1　べんり　　　　　2　ほう
　　3　が　　　　　　　4　の

127ページで こたえを かくにん！

得点　／8

◆P.118-119の解答　　1) 1　2) 3　3) 1　4) 2　5) 1　6) 2
　　　　　　　　　　7) 4　8) 3　9) 2

# ぶんぽう 5日目（いつかめ）

## どうし（I）
**Verbs (1)**
**Động từ (1)**

> どうしの　かたち（フォーム）を　べんきょうしよう。

◆ どうし*　ますけい*

| | どうし* | |
|---|---|---|
| | こうてい* | ひてい* |
| ひかこ* | ＿＿＿ます | ＿＿＿ません |
| かこ* | ＿＿＿ました | ＿＿＿ませんでした |

〈れい〉あした　たいしかんへ　行きます。
　　　　I'll <u>go</u> to the embassy tomorrow.
　　　　Ngày mai tôi sẽ <u>đi đến</u> đại sứ quán.

〈れい〉きょねん　日本語を　ならいました。
　　　　I <u>learned</u> Japanese last year.
　　　　Năm ngoái tôi <u>đã học</u> tiếng Nhật.

〈れい〉おなかが　いたかったですから、何も　食べませんでした。
　　　　I <u>didn't eat</u> anything because I had a stomachache.
　　　　Tôi bị đau bụng nên tôi không ăn gì cả.

---

*どうし = verb ／ động từ　　　　ますけい = masu-form ／ thể ます
　こうてい = affirmative ／ khẳng định　　ひてい = negative ／ phủ định
　ひかこ = non past ／ chưa là quá khứ　　かこ = past ／ quá khứ

◆ （どうし＊ ますけい＊）　ましょう

〈れい〉少し　休みましょう。
　　　　Let's take a break.
　　　　Hãy nghỉ ngơi một chút nào.

◆ （どうし＊ ますけい＊）　ませんか

〈れい〉いっしょに　しゃしんを　とりませんか。
　　　　Shall we take a picture together?
　　　　Chúng ta cùng chụp ảnh đi!

◆ もう／まだ

〈れい〉かとうさんは　もう　帰りました。
　　　　Kato-san has already gone home.
　　　　Anh Kato thì đã về rồi.

〈れい〉A：しゅくだいは　おわりましたか。
　　　　B：いいえ、まだです。
　　　　A：Have you finished your homework?
　　　　B：No, not yet.
　　　　A：Bạn đã làm bài tập về nhà chưa.
　　　　B：Chưa, tôi vẫn chưa.

# 【れんしゅう】

### もんだい1　（　）に　何を　入れますか。

1) A：いっしょに　としょかんへ　行きませんか。
　　B：ええ、（　　　）。

　　1　行きませんでした　　2　行きましょう
　　3　来ませんでした　　　4　来ましょう

2) A：（　　　）レポートを　出しましたか。
　　B：いいえ。あした　出します。

　　1　もう　　2　もし　　3　まず　　4　まだ

3) あと　5分で　えいがが　（　　　）。

　　1　はじまりました　　　2　はじまります
　　3　はじまって　います　4　はじまりませんでした

4) わたしは　子どもの　とき、ピアノを　（　　　）。

　　1　ならいます　　2　なります
　　3　ならいました　4　なりました

ぶんぽう　5日目

**もんだい2**　＿★＿に　入（はい）る　ものは　どれですか。

5）A：すずしく　なりましたね。
　　B：そうですね。
　　　　わたしの　＿＿＿　＿＿＿　★　＿＿＿です。

　　1　さむい　　　　　2　国（くに）
　　3　もう　　　　　　4　は

6）のどが　かわきましたね。
　　あの　＿＿＿　＿＿＿　★　＿＿＿か。

　　1　きっさてん　　　2　のみません
　　3　で　　　　　　　4　なにか

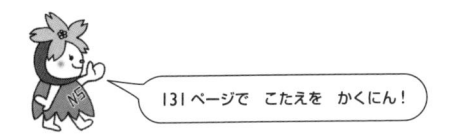

131ページで　こたえを　かくにん！

得点（とくてん）　　／6

◆P.122-123の解答（かいとう）　　1）3　2）4　3）2　4）3　5）1　6）4
　　　　　　　　　　　　　　　　7）1　8）3

127

## ぶんぽう 6日目 どうし (2)

**Verbs (2) / Động từ (2)**

◆ ＿＿（どうし＊　ますけい＊）＿＿ に……

〈れい〉レストランへ　タイりょうりを　食(た)べに　行きます。
I will go to a restaurant to eat Thai food.
Tôi đi đến nhà hàng để ăn đồ Thái.

◆ ＿＿（めいし＊）＿＿ が　ほしいです
　 ＿＿（どうし＊　ますけい＊）＿＿ たいです

〈れい〉新(あたら)しい　カメラが　ほしいです。
I want a new camera.
Tôi muốn có một cái máy ảnh mới.

〈れい〉新(あたら)しい　カメラが　買(か)いたいです。
I want to buy a new camera.
Tôi muốn mua một cái máy ảnh mới.

〈れい〉今(いま)は　何(なに)も　食(た)べたくないです。
I don't want to eat anything now.
Bây giờ tôi chẳng muốn ăn gì.

---

＊どうし = verb ／ động từ

ますけい = masu-form ／ thể ます

めいし = noun ／ danh từ

128

ぶんぽう 6日目

◆ 　(どうし　てけい＊)　　て　ください
　　(どうし　ないけい＊)　　ないで　ください

〈れい〉(タクシーで)
　　　つぎの　かどを　右に　まがって　ください。
　　　Please turn right at the next corner.
　　　Hãy rẽ phải ở góc cua tiếp theo.

〈れい〉ここに　にもつを　おかないで　ください。
　　　Please do not put your luggage here.
　　　Không để đồ đạc ở đây.

◆ 　(どうし　てけい＊)　　て　います

〈れい〉おとうとは　今、じぶんの　へやで　おんがくを　きいています。
　　　My younger brother is listening to music in his room now.
　　　Em trai tôi giờ đang nghe nhạc ở trong phòng của mình.

＊てけい＝ te-form ／ thể て
　ないけい＝ nai-form ／ thể ない

## 【れんしゅう】

**もんだい1** (　)に 何を 入れますか。

1) わたしは まだ (　　)。
　　1　けっこんしました　　　　2　けっこんしませんでした
　　3　けっこんしたく ないです　4　けっこんしないで ください

2) スキーを (　　)に ほっかいどうへ 行きます。
　　1　する　　　　　　　　　2　し
　　3　して　　　　　　　　　4　します

3) A：見て ください。
　　　みずうみの 上を とりが たくさん (　　)よ。
　　B：わあ、たくさん いますね。
　　1　とびます　　　　　　　2　とびました
　　3　とんで ください　　　　4　とんで います

4) A：こんどの 日よう日、山に (　　)。
　　B：いいですね。行きましょう。
　　1　のぼりません　　　　　2　のぼりませんか
　　3　のぼって ください　　　4　のぼって います

5) A：少し さむいですね。 まどを しめましょうか。
　　B：ええ、(　　)。
　　1　しめます　　　　　　　2　しめて ください
　　3　しめて います　　　　　4　しめないで ください

ぶんぽう 6日目

もんだい2　＿＿★＿＿に 入る ものは どれですか。

6) A：あそこで
　　うた ＿＿＿ ＿＿＿ ＿★＿ ＿＿＿ どなたですか。
　　B：ああ、あの かたは よしださんです。

　　1 人　　　　　　2 は
　　3 うたっている　　4 を

7) この 電話は 古いですから ＿＿＿ ＿＿＿ ＿★＿ ＿＿＿ です。

　　1 が　　　　　　2 ほしい
　　3 電話　　　　　4 新しい

8) あした、＿＿＿ ＿＿＿ ＿★＿ ＿＿＿ 。

　　1 行きます　　　2 ふゆの
　　3 買いに　　　　4 コートを

135ページで こたえを かくにん！

得点　／8

◆P.126-127の解答　　1) 2　2) 1　3) 2　4) 3　5) 3　6) 4

# ぶんぽう 7日目（なのかめ）

# どうし (3)

**Verbs (3)**
**Động từ (3)**

◆ （どうし＊　てけい＊）　て、・・・

〈れい〉うちへ　帰（かえ）って、母（はは）に　電話（でんわ）を　かけます。
　　　I'll go home and call my mother.
　　　Tôi sẽ về nhà và gọi điện cho mẹ.

〈れい〉じしょを　つかって、わからない　ことばを　しらべます。
　　　I check the words I don't know using a dictionary.
　　　Tôi dùng điện thoại để tra những từ mà tôi không hiểu.

〈れい〉かぜを　ひいて、しごとを　休（やす）みました。
　　　I was absent from work because I caught a cold.
　　　Tôi đã nghỉ làm vì bị cảm.

◆ （どうし＊　てけい＊）　てから、・・・

〈れい〉この　しょるいを　書（か）いてから、きゅうけいを　します。
　　　I'll take a break after I write these documents.
　　　Sau khi viết xong tài liệu này tôi sẽ nghỉ ngơi.

---

＊どうし = verb ／ động từ

　てけい = te-form ／ thể て

132

ぶんぽう　7日目

◆　(どうし　たけい*)　た　あとで　　　　　　　※p.47

〈れい〉わたしは　いつも　シャワーを　あびた　あとで　あさごはんを
　　　　食べます。
　　　　　　I always have breakfast after I take a shower.
　　　　　　Tôi luôn ăn sáng sau khi tắm.

◆　(どうし　じしょけい*)　まえに　　　　　　　※p.47

〈れい〉出かける　まえに　友だちに　メールを　おくりました。
　　　　　　I sent an email to my friend before I go out.
　　　　　　Tôi gửi tin nhắn cho bạn tôi trước khi tôi ra ngoài.

---

＊たけい＝ ta-form ／ thể た
　じしょけい＝ dictionary form ／ thể từ điển

133

【れんしゅう】

もんだい1　（　）に　何を　入れますか。

1）日本に　（　　）、日本語の　べんきょうを　はじめました。
　　1　来て　まえに　　　　2　来て　あとで
　　3　来て　から　　　　　4　来て　いて

2）家へ　帰る　（　　）、およぎに　行きます。
　　1　まえに　　　　　　　2　あとで
　　3　てから　　　　　　　4　て

3）きのう　しごとが　（　　）、友だちと　会いました。
　　1　おわる　　　　　　　2　おわるから
　　3　おわってから　　　　4　おわったり

4）へやが　あかるく　（　　）うれしいです。
　　1　なるで　　　　　　　2　なるですから
　　3　なって　　　　　　　4　なった

5）コンサートへ　（　　）まえに、しょくじを　しました。
　　1　行く　　　　　　　　2　行き
　　3　行って　　　　　　　4　行った

ぶんぽう　7日目

もんだい2　___★___に　入る　ものは　どれですか。

6) デパート ____ ____ ★ ____ 行きましたか。

　　1　来る　　　　　　2　へ
　　3　どこか　　　　　4　まえに

7) 電車で　とうきょうえきまで ____ ____ ★ ____ 。

　　1　タクシーに　　　2　から
　　3　いって　　　　　4　のります

139ページで　こたえを　かくにん！

得点　／7

◆ P.130-131の解答　　1) 3　2) 2　3) 4　4) 2　5) 2　6) 1
　　　　　　　　　　　7) 1　8) 3

135

# ぶんぽう 8日目 / どうし (4)

Verbs (4)
Động từ (4)

◆ ＿（どうし＊ たけい＊）＿ たら、・・・

〈れい〉 くうこうに ついたら 電話します。
I'll call you when I arrive at the airport.
Khi nào đến sân bay tôi sẽ gọi cho bạn.

◆ ＿（どうし＊ たけい＊）＿ たり ＿（どうし＊ たけい＊）＿ たり・・・

〈れい〉 休みの 日は たいてい DVDを 見たり 本を 読んだり して います。
I usually watch DVDs or read books on holidays.
Hầu hết các ngày nghỉ tôi đều xem DVD hoặc là đọc sách.

---

＊どうし = verb ／ động từ

　たけい = ta-form ／ thể た

136

ぶんぽう 8日目

◆ ＿（どうし てけい＊）　て／＿（どうし ないけい＊）　ないで

〈れい〉 あには　ノートパソコンを　もって　出かけました。
My elder brother went out with his laptop computer.
Anh trai tôi đã mang máy tính xách tay và đi ra ngoài.

〈れい〉 あには　あさごはんを　食べないで　会社へ　行きました。
My elder brother went to the office without eating breakfast.
Anh trai tôi đã đi đến công ty mà không ăn sáng.

◆ ＿（どうし　ますけい＊）＿　ながら・・・

〈れい〉 わたしは　よく　おんがくを　聞きながら　べんきょうします。
I often study while listening to music.
Tôi thường vừa nghe nhạc vừa học.

〈れい〉 たかはしさんは　アルバイトしながら　大学で　べんきょうしています。
Takahashi-san studies at a university while working part-time.
Bạn Takahashi vừa đi làm thêm vừa đi học đại học.

---

＊ てけい＝ te-form／thể て
　ないけい＝ nai-form／thể ない
　ますけい＝ masu-form／thể ます

## 【れんしゅう】

**もんだい1** （ ）に 何を 入れますか。

1) コーヒーは さとうと ミルクを （　　）飲みます。
　　1　入れた　　　　　　　2　入れたり
　　3　入れながら　　　　　4　入れて

2) 日本へ （　　　）、すしを 食べたいです。
　　1　行ったから　　　　　2　行ったら
　　3　行くに　　　　　　　4　行きながら

3) プールで （　　　） おなかが すきました。
　　1　およぎたら　　　　　2　およぎだら
　　3　およいたら　　　　　4　およいだら

4) ゆうべは つかれて、シャワーを あびない （　　） ねました。
　　1　は　　　　　　　　　2　と
　　3　で　　　　　　　　　4　を

138

ぶんぽう　8日目

もんだい2　＿★＿に 入る ものは どれですか。

5) わたしは いつも ＿＿ ＿＿ ＿★＿ ＿＿します。

　　1　めがね　　　　　2　うんてん
　　3　かけて　　　　　4　を

6) 時間が ＿＿ ＿＿ ＿★＿ ＿＿話しませんか。

　　1　ながら　　　　　2　あるき
　　3　から　　　　　　4　ありません

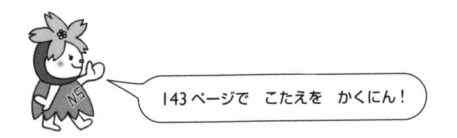

◆ P.134-135の解答　　1) 3　2) 1　3) 3　4) 3　5) 1　6) 4
　　　　　　　　　　7) 1

# ぶんぽう
## 9 日目(ここのかめ)

# どうし (5)

Verbs (5)
Động từ (5)

◆ あげます／もらいます

A → B

Aは　Bに　プレゼントを　**あげます**。
Bは　Aに　プレゼントを　**もらいます**。

〈れい〉さとうさんは　友(とも)だちに　まんがを　あげました。
　　　　Sato-san gave a manga to his friends.
　　　　Bạn Sato đã tặng bạn mình quyển truyện tranh.

〈れい〉あねに　じしょを　もらいました。
　　　　I received a dictionary from my elder sister.
　　　　Tôi đã nhận quyển từ điển từ chị gái của mình.

## ぶんぽう　9日目

◆ じどうし*・たどうし*　の　れい*

| じどうし* | たどうし* |
|---|---|
| まどが　あきます | まどを　あけます |
| かぎが　かかります | かぎを　かけます |
| 電気（でんき）が　きえます | 電気（でんき）を　けします |
| ドアが　しまります | ドアを　しめます |
| おつりが　出（で）ます | おつりを　出（だ）します |
| 人（ひと）が　ならびます | おさらを　ならべます |
| えいがが　はじまります | かいぎを　はじめます |

◆ 　(どうし　じどうし*)　て　います

〈れい〉この　へやは　だれも　いませんが、電気（でんき）が　ついて　います。

There is no one in this room, but the light is on.

Trong phòng không có ai cả nhưng đèn vẫn sáng.

◆ 　(どうし　たどうし*)　て　あります

〈れい〉もうすぐ　ここで　かいぎを　しますから、
エアコンが　つけて　あります。

The air conditioner has been turned on because we will hold a meeting here soon.

Lát nữa sẽ họp ở đây nên điều hòa bật sẵn.

---

＊じどうし= intransitive verb ／ nội động từ

たどうし= transitive verb ／ ngoại động từ

れい= example ／ ví dụ

141

【れんしゅう】

もんだい1　（　）に 何を 入れますか。

1) この　へやは　つかいませんから、かぎが　（　　）　あります。
　　1　けして　　　2　きえて　　　3　かけて　　　4　かかって

2) A：まどが　あいて　（　　）ね。　しめましょうか。
　　B：ええ、おねがいします。
　　1　います　　　2　します　　　3　あります　　　4　あげます

3) A：いい　かばんですね。どこで　買いましたか。
　　B：これは　父に　（　　）。
　　1　かいました　2　うりました　3　あげました　4　もらいました

4) あしたから　しゅっちょうです。くつは　もう　（　　）。
　　1　みがいて　います　　　2　みがいて　あります
　　3　よやくして　います　　4　よやくして　あります

5) かべに　ちず（　）　はって　あります。
　　1　を　　　2　の　　　3　が　　　4　に

6) A：すてきな　とけいですね。
　　B：ありがとうございます。この　とけいは　大学に　入った　とき、
　　母（　）　もらいました。
　　1　で　　　2　を　　　3　に　　　4　が

ぶんぽう 9日目

|もんだい2| ___★___ に 入る ものは どれですか。

7) かいぎの 時間が かわりましたが、みんなに
   ____ ____ ★ ____ 。

   1　もう　　　　　　　2　して
   3　あります　　　　　4　れんらく

8) わたしは たんじょう日の ____ ____ ★ ____ あげました。

   1　に　　　　　　　　2　を
   3　Tシャツ　　　　　4　友だち

149ページで こたえを かくにん!

得点 　／8

◆ P.138-139の解答　　1) 4　2) 2　3) 4　4) 3　5) 3　6) 2

143

◆ どうしの　かたち

| どうし | | ますけい | | てけい |
|---|---|---|---|---|
| 1グループ | ☐ 話（はな）します | 話（はな）し | ます | 話（はな）して |
| | ☐ 書（か）きます | 書（か）き | ます | 書（か）いて |
| | ☐ およぎます | およぎ | ます | およいで |
| | ☐ あらいます | あらい | ます | あらって |
| | ☐ まちます | まち | ます | まって |
| | ☐ きります | きり | ます | きって |
| | ☐ あそびます | あそび | ます | あそんで |
| | ☐ 読（よ）みます | 読（よ）み | ます | 読（よ）んで |
| | ☐ 行（い）きます | 行（い）き | ます | 行（い）って |
| 2グループ | ☐ 見（み）ます | 見（み） | ます | 見（み）て |
| | ☐ 食（た）べます | 食（た）べ | ます | 食（た）べて |
| 3グループ | ☐ します | し | ます | して |
| | ☐ 来（き）ます | 来（き） | ます | 来（き）て |

144

| たけい | ないけい | | じしょけい |
|---|---|---|---|
| 話した | 話さ | ない | 話す |
| 書いた | 書か | ない | 書く |
| およいだ | およが | ない | およぐ |
| あらった | あらわ | ない | あらう |
| まった | また | ない | まつ |
| きった | きら | ない | きる |
| あそんだ | あそば | ない | あそぶ |
| 読んだ | 読ま | ない | 読む |
| 行った | 行か | ない | 行く |
| 見た | 見 | ない | 見る |
| 食べた | 食べ | ない | 食べる |
| した | し | ない | する |
| 来た | 来 | ない | 来る |

## ぶんぽう 10日目（とおかめ）

## せつ etc. Clause / Cụm từ

れんしゅうもんだいを　まちがえたら　もういちど　やろう。

◆ せつ

〈れい〉　これは　さとうさんが　つくった　りょうりです。
　　　　　　　　　　　　（の）

This is a dish that Sato-san cooked.

Đây là món ăn mà bạn Sato đã nấu.

〈れい〉　あの　かみが　長い　人は　よしださんです。
　　　　　　　　（の）

That person with long hair is Yoshida-san.

Bạn tóc dài kia là bạn Yoshida.

〈れい〉　さっき　たなかさんが　買った　ざっしを　見せて　ください。
　　　　　　　　　　　（の）

Please show me the magazine that Tanaka-san bought earlier.

Hãy cho mình xem tờ tạp chí khi nãy bạn Tanaka đã mua.

〈れい〉　わたしは　日本語を　つかう　しごとが　したいです。

I want (to find) a job that allows me to use Japanese.

Tôi muốn làm công việc mà sử dụng nhiều tiếng Nhật.

ぶんぽう 10日目

◆ ＿＿＿＿とき　　　　　　　　　　　　　　　　　※p.47

〈れい〉 子どもの とき、ギターを ならいました。
When I was a child, I learned guitar.
Khi tôi còn nhỏ, tôi đã học Ghi-ta

〈れい〉 ひまな とき、としょかんへ 行って、新聞を 読みます。
When I have free time, I go to the library and read the newspaper.
Những lúc rảnh rỗi tôi đi đến thư viện và đọc báo.

〈れい〉 日本へ 来るとき、パスポートを つくりました。
I made my passport when I came to Japan.
Khi đi Nhật tôi đã làm hộ chiếu.

〈れい〉 日本へ 来たとき、とうきょうは ゆきが ふっていました。
When I came to Japan, it was snowing in Tokyo.
Khi tôi đến Nhật, ở Tokyo đã có tuyết rơi.

147

【れんしゅう】

もんだい1　(　)に　何を　入れますか。

1)　きのう　(　　　)　DVDを　友だちと　いっしょに　見ます。
　　1　買う　　　　　　　　2　買いた
　　3　買った　　　　　　　4　買って

2)　来月の　バスりょこうに　行きたい(　　　)は　名前を　書いて　ください。
　　1　あと　　　　　　　　2　から
　　3　とき　　　　　　　　4　ひと

3)　うちへ　(　　　)、きってを　買いました。
　　1　帰るとき　　　　　　2　帰ったとき
　　3　帰って　　　　　　　4　帰ったら

4)　びょういんで　もらった　くすり(　　　)　1日　3かい　飲みます。
　　1　を　　2　が　　3　の　　　4　に

5)　あの　せ(　　　)　高い　男の　人は　どなたですか。
　　1　で　　2　の　　3　に　　　4　を

ぶんぽう　10日目

**もんだい2**　__★__ に 入る ものは どれですか。

6) わたしは ____ ____ ★ ____ が ほしいです。

　　1　にわ　　　　　2　いえ
　　3　が　　　　　　4　ある

7) これは フランス ____ ____ ★ ____ しゃしんです。

　　1　とった　　　　2　へ
　　3　とき　　　　　4　行った

8) これは たんじょう日に ____ ____ ★ ____ です。

　　1　カメラ　　　　2　りょうしん
　　3　もらった　　　4　に

9) ヤン：フォンさんは りょこうで どこへ 行きたいですか。
　　フォン：わたしは ____ ____ ★ ____ へ 行きたいです。

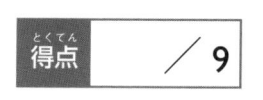

　　1　が　　　　　　2　ところ
　　3　うみ　　　　　4　きれいな

155ページで こたえを かくにん！

得点　／9

◆ P.142-143 の解答　　1) 3　2) 1　3) 4　4) 2　5) 3　6) 3
　　　　　　　　　　7) 2　8) 3

149

# ぶんぽう
## 11日目

# じょし (1)

**postpositional particles (1)**
Trợ từ (1)

> じょし（が、の、に、を etc.）の もんだいも でるよ。

◆ が

〈れい〉 ゆうべ 友だち<u>が</u> 来ました。
  * 主語　subject／chủ ngữ

わたしは この 花<u>が</u> 好きです。
  *「＿＿＿が 好きです」

わたしは ラーメン<u>が</u> 食べたいです。
  *「＿＿＿が＿＿＿たい です」

よしださんは かみ<u>が</u> 長いです。
  *「＿＿＿は＿＿＿が＿＿＿です」

この 本は おもしろいです<u>が</u>、おもいです。
  * 逆接　but／đối lập

150

## ◆ の

〈れい〉 これは わたしの かさです。

* 所有・所属（しょゆう・しょぞく）　possession, belonging ／ sở hữu, thuộc về

これは わたしの です。

* 名詞の省略（めいし の しょうりゃく）　omitting the noun ／ giản lược danh từ

もう 少し 大きいのは ありますか。

* 名詞の代用（めいし の だいよう）　substituting the noun ／ danh từ hình thức

友だちの つくった ケーキを 食べました。
　　　（が）

* 連体修飾節（れんたいしゅうしょくせつ）　adnominal clause ／ mệnh đề bổ nghĩa danh từ

ソファの 上に ざっしが あります。

* 「＿＿＿の 上・下・中・となり etc. に・・・」

◆ に

〈れい〉ここに さいふが あります。
*場所（ばしょ）　place, location ／ địa điểm

6じに おきます。
*時間（じかん）　time ／ thời gian

1週間に 2かい、サッカーを します。
*頻度（ひんど）　frequency ／ mức độ, tần suất

食べ物を 買いに コンビニへ 行きます。
*目的（もくてき）　purpose ／ mục đích

つぎの かどを 右に まがって ください。
*到達点（とうたつてん）　direction ／ điểm đến

◆ を

〈れい〉いもうとは へやを そうじしました。
*目的語（もくてきご）　objective ／ bổ ngữ

ねこが みちを あるいて います。
*経路（けいろ）　course/location ／ con đường, lộ trình

◆ で

〈れい〉 こうえん<u>で</u> テニスを します。
* 場所（ばしょ）　place/location ／ địa điểm

ちかてつ<u>で</u> 会社（かいしゃ）へ 行（い）きます。
* 手段（しゅだん）　means ／ phương tiện, công cụ

木（き）<u>で</u> ほんだなを つくりました。
* 材料（ざいりょう）　material ／ chất liệu

びょうき<u>で</u> 学校（がっこう）を 休（やす）みました。
* 理由（りゆう）　reason ／ lý do

4人（にん）<u>で</u> ヨーロッパを りょこうしました。
* 数量（すうりょう）　amount ／ lượng

◆ へ

〈れい〉 うち<u>へ</u> 帰（かえ）ります。
* 方向（ほうこう）　direction ／ phương hướng

【れんしゅう】

**もんだい1** （　）に 何を 入れますか。

1) わたしは ドイツ（　　　）車が ほしいです。
　　1 の　　　2 に　　　3 が　　　4 は

2) ここを 左（　　　）まがって ください。
　　1 で　　　2 は　　　3 を　　　4 に

3) ゆうべ ひとり（　　　）えいがを 見に 行きました。
　　1 が　　　2 で　　　3 へ　　　4 に

4) この コートは さとうさん（　　　）ですか。
　　1 が　　　2 の　　　3 へ　　　4 も

5) ぜんぶ（　　　）850円です。
　　1 を　　　2 に　　　3 で　　　4 の

6) けさから あたま（　　　）いたいです。
　　1 が　　　2 を　　　3 に　　　4 の

ぶんぽう　11日目

**もんだい2**　＿＿★＿＿に　入る　ものは　どれですか。

7)　＿＿＿　＿＿＿　＿★＿　＿＿＿　大好きです。

　　1　が　　　　　　　2　わたし
　　3　くだもの　　　　4　は

8)　くつが　きたなかったですから、
　　＿＿＿　＿＿＿　＿★＿　＿＿＿　買いました。

　　1　の　　　　　　　2　な
　　3　を　　　　　　　4　きれい

9)　A：田中さんは　どこですか。
　　B：そとで　＿＿＿　＿＿＿　＿★＿　＿＿＿　して　いますよ。

　　1　れんしゅう　　　2　の
　　3　テニス　　　　　4　を

10)　先週、デパートへ　＿＿＿　＿＿＿　＿★＿　＿＿＿　行きました。

　　1　に　　　　　　　2　ようふく
　　3　を　　　　　　　4　かい

161ページで　こたえを　かくにん！

得点　　／10

◆ P.148-149 の 解答　　1) 3　2) 4　3) 1　4) 1　5) 2　6) 4
　　　　　　　　　　　　7) 3　8) 3　9) 4

155

# ぶんぽう 12日目

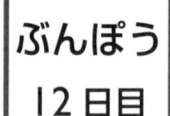

## じょし (2)

postpositional particles (2)
Trợ từ (2)

◆ は

〈れい〉 とうきょうは 今 何時ですか。

＊主題　topic ／ chủ đề

しゅくだいは あとで します。

＊目的語のトピック化　the object becomes topic ／ đem bổ ngữ làm chủ đề

わたしは おさけは 飲みません。

＊否定の対象　the subject of the negation ／ đối tượng phủ định

ワインは 好きですが、ビールは 好きじゃ ありません。

＊対比　contrast ／ đối lập

ぶんぽう 12日目

◆ と

〈れい〉 きょうだいは いもうとと おとうとが います。

＊並列（へいれつ）　and ／ liệt kê

今日（きょう）、いもうとと 買（か）い物（もの）に 行（い）きます。

＊一緒（いっしょ）に　together ／ cùng nhau, đồng thời

駅（えき）で 友（とも）だちと 会（あ）いました。

＊動作（どうさ）の相手（あいて）　partner of action ／ đối tượng tiếp nhận hành động

「おはようございます」と 言（い）いました。

＊引用（いんよう）　quotation ／ trích dẫn

◆ や

〈れい〉 はこの 中（なか）に きってや はがきが あります。

＊並列（へいれつ）の代表的（だいひょうてき）なもの
　and (non-exhaustive list) ／ đối tượng tiêu biểu trong chuỗi liệt kê

◆ か

〈れい〉 くろい ペンか あおい ペンで 書（か）いて ください。

＊選択（せんたく）　alternative choice ／ lựa chọn

あした、えいがに 行（い）きませんか。

＊疑問（ぎもん）　question ／ nghi vấn, câu hỏi

なにか 食（た）べませんか。 ※p.113

＊不定（ふてい）　indefinite ／ không xác định

157

◆ も

〈れい〉 わたし<u>も</u> 学生です。
*並立（へいりつ）　also ／ ngang bằng, giống

食べ物<u>も</u>　飲み物<u>も</u>　買って　あります。
*並立（へいりつ）　also ／ ngang bằng, giống

日よう日は　どこ<u>も</u>　行きませんでした。　※p.113
*否定（ひてい）　negative ／ phủ định

◆ から／まで

〈れい〉 わたしは　スイス<u>から</u>　来ました。
*起点の場所（きてん の ばしょ）　starting point ／ điểm khởi đầu

とうきょう<u>から</u>　おおさか<u>まで</u>　ひこうきで　行きます。
*起点と終点の場所（きてん と しゅうてん の ばしょ）
starting and finishing point ／ điểm khởi đầu và điểm kết thúc

ぎんこうは　3時<u>まで</u>　です。
*終点の時間（しゅうてん の じかん）　finishing time ／ mốc thời gian cuối

毎日　9時<u>から</u>　5時<u>まで</u>　はたらきます。
*起点と終点の時間（きてん と しゅうてん の じかん）
starting and finishing time ／ mốc thời gian đầu và cuối

◆ 　　に・で・へ・と・から・まで　　は／も

〈れい〉この　会社には　せいふくが　あります。
　　　　　　かいしゃ

わたしの　会社にも　せいふくが　あります。
　　　　　かいしゃ

さとうさんとは　話しましたが、田中さんとは　話しませんでした。
　　　　　　　　はな　　　　　たなか　　　　　　はな

アフリカからも　学生が　来ました。
　　　　　　　　がくせい　き

## 【れんしゅう】

**もんだい1** （　）に 何を 入れますか。

1) あした（　　）あさって、友だちと 会います。
　　1 は　　　　2 か　　　　3 も　　　　4 に

2) けさは なに（　　）食べませんでした。
　　1 か　　　　2 と　　　　3 も　　　　4 が

3) わたしは 中国（　　）来ました。
　　1 から　　　2 とは　　　3 だけ　　　4 など

4) この 店（　　）ひろいです。
　　1 と　　　　2 か　　　　3 からは　　4 は

5) 学校（　　）いつも おべんとうを 食べます。
　　1 には　　　2 では　　　3 からは　　4 へは

6) わたしには きょうだいが 二人 います。
　あに（　　）いもうとです。
　　1 が　　　　2 の　　　　3 も　　　　4 と

7) 田中さんには 3年ぐらい前に（　　）会いました。
　　1 どこで　　2 どこも　　3 どこかへ　4 どこかで

ぶんぽう　12日目

もんだい2　＿★＿に　入る　ものは　どれですか。

8) にわ ＿＿ ＿＿ ★ ＿＿ たくさん さいて います。

　　1 は　　　　　2 が
　　3 花　　　　　4 に

9) A：学校 ＿＿ ＿＿ ★ ＿＿ 行って いますか。
　　B：あるいて 行って います。

　　1 何　　　　　2 へ
　　3 で　　　　　4 は

10) ＿＿ ＿＿ ★ ＿＿ スケートを します。

　　1 と　　　　　2 やきゅう
　　3 は　　　　　4 スポーツ

165ページで こたえを かくにん！

得点　／10

◆ P.154-155の解答　　1) 1　2) 4　3) 2　4) 2　5) 3　6) 1
　　　　　　　　　　　7) 3　8) 1　9) 1　10) 4

161

# ぶんぽう 13日目　せつぞくし

**Conjunctions / Từ nối**

## ◆ そして

〈れい〉会社の　人は　みんな　しんせつです。そして　おもしろいです。
My colleagues are all kind. And they're interesting too.
Mọi người ở công ty đều tốt bụng. Hơn nữa còn thú vị.

## ◆ それから

〈れい〉友だちと　しょくじをしました。それから　えいがを　見ました。
I had a meal with a friend. After that, we watched a movie.
Tôi đã đi ăn cùng với bạn. Sau đó chúng tôi đã đi xem phim.

## ◆ それでは

〈れい〉9時に　なりました。それでは　じゅぎょうを　はじめましょう。
It's 9 o'clock now. Then let's begin the class.
Đã 9 giờ rồi. Vậy nên chúng ta hãy bắt đầu giờ học thôi.

◆ では／じゃ（じゃあ）

〈れい〉（店で）

A：こちらは　1500円です。

B：じゃ、それを　ください。

A：This costs 1,500 yen.　B：Then I'll take it.

A：Cái này giá 1500 yên　B：Vậy hãy cho tôi cái đó.

◆ でも／しかし

〈れい〉えいがは　おもしろかったです。でも　とても　こんで　いました。

The movie was interesting. But it was very crowded.

Bộ phim đã rất thú vị. Nhưng mà đã rất đông.

◆ だから

〈れい〉この　スーパーの　やさいは　しんせんです。

だから　わたしは　いつも　ここで　やさいを　買います。

This supermarket's vegetables are fresh.

That's why I always buy vegetables here.

Rau trong siêu thị này rất tươi. Vì vậy tôi thường mua rau ở đây.

# 【れんしゅう】

**もんだい1** （　）に 何を 入れますか。

1) わたしは よく えいがを 見ます。（　　）日本の えいがは
   あまり しりません。
   　　1　それから　　　　　　2　それでは
   　　3　でも　　　　　　　　4　では

2) この 国の ちかてつは べんりです。（　　） きれいです。
   　　1　それでは　　　　　　2　でも
   　　3　では　　　　　　　　4　そして

3) けさ ジョギングを しました。（　　） シャワーを あびました。
   　　1　これから　　　　　　2　それから
   　　3　しかし　　　　　　　4　じゃ

4) わたしは かしゅに なりたいです。（　　） 今、おんがく学校に
   行っています。
   　　1　ですが　　　　　　　2　これでは
   　　3　だから　　　　　　　4　これから

5) A：ぜんいん 来ました。
   B：そうですか。（　　） はじめましょう。
   　　1　では　　　　　　　　2　でも
   　　3　また　　　　　　　　4　まだ

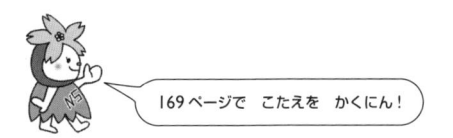

6)

> わたしは バスケットボールが すきです。わたしの国では 日本の バスケットボールの アニメが ゆう名です。子どもの時、わたしは そのアニメを 見ました。そして バスケットボールを はじめました。
> わたしは バスケットボールが もっと 上手に なりたいです。(　　) 毎日 5時間、れんしゅうして います。れんしゅうは とても たのしいです。

1　では　　　　　　2　だから
3　それでは　　　　4　しかし

# ぶんぽう 14日目

## そのほか / Others / Ngoài ra

> もう すこしだね。がんばろう。

### ◆ ＿＿＿ など

〈れい〉つくえの 上に 本や ノートなどが あります。
There are books, notebooks and other objects on the desk.
Trên bàn có những thứ như là sách vở.

### ◆ ＿＿＿ ぐらい

〈れい〉1か月ぐらい ヨーロッパを りょこうしました。
I traveled in Europe for about one month.
Tôi đã đi du lịch Châu Âu trong khoảng 1 tháng

ここから 駅まで タクシーで 2000円ぐらい です。
It costs about 2,000 yen from here to the station by taxi.
Từ đây đi đến ga mất khoảng 2000 yên bằng taxi.

### ◆ ＿＿＿ ごろ

〈れい〉田中さんは 3時ごろ 帰りました。
Tanaka-san went back at around 3 o'clock.
Bạn Tanaka đã về vào lúc khoảng 3 giờ.

### ◆ ＿＿＿ という

〈れい〉これは 『ノルウェイの もり』という 本です。
This is a book called "Norwegian Forest."
Đây là quyển sách tên là Rừng Na-uy.

ぶんぽう 14日目

◆ ＿＿＿中

（１）～中(ちゅう) ※P.47

〈れい〉たむらさんは 今(いま) 電話中(でんわちゅう)です。
I ate only fruit this morning
Tamura-san is on the phone now.
Bạn Tamura bây giờ đang nghe điện thoại.

（２）～中(じゅう) ※P.47

〈れい〉わたしの 国(くに)は 一年中(いちねんじゅう) あついです。
My country is hot throughout the year.
Đất nước tôi nóng quanh năm.

◆ ＿＿＿だけ

〈れい〉けさは くだものだけ 食(た)べました。
I ate only fruit this morning
Sáng nay tôi chỉ ăn mỗi hoa quả.

日本(にほん)に 来(く)るまえに、2週間(しゅうかん)だけ 日本語(にほんご)を ならいました。
Before coming to Japan, I learned Japanese only for two weeks.
Trước khi đến Nhật, tôi chỉ học tiếng Nhật có 2 tuần.

◆ ＿＿＿しか ＿＿＿ません

〈れい〉1日(にち) 10分(ぷん)しか べんきょうしません。
I study for only 10 minutes a day.
Mỗi ngày tôi chỉ học có 10 phút

会社(かいしゃ)で わたししか えいごを 話(はな)しません。
I'm the only one who speaks English in my company.
Ở công ty chỉ có mình tôi nói tiếng Anh.

◆ ＿＿＿ずつ

〈れい〉1人(ひとり) 1000円(えん)ずつ はらって、よしださんの プレゼントを 買(か)いました。
We paid 1,000 yen each and bought Yoshida-san's present.
Mỗi người đã trả 1000 yên mua quà cho bạn Yoshida.

167

# 【れんしゅう】

**もんだい1** （　）に 何を 入れますか。

1) あさは コーヒー（　　）飲みません。
　　1　まで　　　　　　　2　より
　　3　だけ　　　　　　　4　しか

2) （　　）ですから、テレビは 見ません。
　　1　べんきょうごろ　　2　べんきょうちゅう
　　3　べんきょうじょう　4　べんきょうだけ

3) いえから 会社まで 1時間（　　）かかります。
　　1　しか　　　　　　　2　まで
　　3　ぐらい　　　　　　4　ごろ

4) 日本で 多い 名前は さとうさん、すずきさん（　　）です。
　　1　など　　　　　　　2　も
　　3　か　　　　　　　　4　また

5) A：まいあさ ジョギングしますか。
　　B：ええ。でも 毎日 15分しか （　　）。
　　1　はりません　　　　2　はります
　　3　はって います　　4　はりたいです

168

ぶんぽう　14日目

|もんだい2|　＿★＿に　入る　ものは　どれですか。

6) お母さんは　ケーキを　子ども＿＿＿　＿＿＿　★　＿＿＿。
　　1　に　　　　　　　2　あげます
　　3　ずつ　　　　　　4　2こ

7) この　へやには　DVDデッキ＿＿＿　＿＿＿　★　＿＿＿あります。
　　1　テレビ　　　　　2　が
　　3　や　　　　　　　4　など

8) わたしは　＿＿＿　＿＿＿　★　＿＿＿です。
　　1　と　　　　　　　2　田中
　　3　もの　　　　　　4　いう

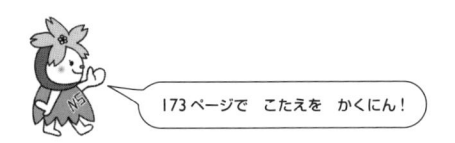

173ページで　こたえを　かくにん！

得点　／8

◆ P.164-165の解答　　1) 3　　2) 4　　3) 2　　4) 3　　5) 1　　6) 2

# ぶんぽう 15日目　ぶんしょうの ぶんぽう

**Text grammar**
Quan hệ ngữ pháp trong văn bản

【もんだい】　□　に 何を 入れますか。

1) ヤンさんと フォンさんは じこしょうかいの ぶんしょうを 書きました。

(ア)

　　はじめまして。 ヤンです。 わたしは アニメが 好きです。
　日本には おもしろい アニメが いっぱい あります。
　日本に　1　アニメを たくさん 見ました。　2　
　まんがも よく 読みます。 アニメや まんがが 好きな 人と
　いっしょに いろいろ　3　。
　　どうぞ よろしく おねがいします。

(イ)

　　こんにちは。 わたしは フォンです。
　　わたしは 今 学校の 近くに　4　。 学校から うちまで
　あるいて 10分ぐらいです。 とちゅうに 店が たくさん
　ありますから、べんりです。
　　みなさん、どうぞ わたしの うちに　5　。

ぶんぽう　15日目

|1| 　1　来てから　　　　　2　来ってから
　　　3　してから　　　　　4　しってから

|2| 　1　では　　　　　　　2　それから
　　　3　まだ　　　　　　　4　それでは

|3| 　1　話しません　　　　2　話したいです
　　　3　話すからです　　　4　話すなどです

|4| 　1　すみました　　　　2　すんでいます
　　　3　すみません　　　　4　すまないです

|5| 　1　あそびませんか
　　　2　あそんで　ください
　　　3　あそんで　ましょう
　　　4　あそびに　来て　ください

171

2) マルコさんと ジヨンさんは 日本語を べんきょうして います。
「休みの 日」の ぶんしょうを 書きました。

(ウ) マルコさんの ぶんしょう

> わたしは おんがくが 好きです。 わたしは 子どもの とき、ピアノを ならって いました。 ６ 14さいから バイオリンを はじめました。
> 
> わたしは 先週の 土よう日に コンサートを 聞きに 行きました。 友だちと 3人 ７ 行きました。 とても いい コンサートでした。 コンサートの あと、友だちと ８ おんがくの 話を しました。 とても たのしい 一日でした。

(エ) ジヨンさんの ぶんしょう

> わたしは なつ休みに きょうとを りょこうしました。
> きょうとへは 電車で 行きました。 古い おてらを 見たり、きょうとりょうりを ９ 。 きれいな しゃしんを たくさん とりました。 また １０ 。 みなさん、いつか いっしょに 行きませんか。

ぶんぽう　15日目

| 6 | 1 じゃ | 2 そして |
|---|---|---|
|   | 3 たぶん | 4 だから |

| 7 | 1 に | 2 が | 3 も | 4 で |
|---|---|---|---|---|

| 8 | 1 しょくじするに |
|---|---|
|   | 2 しょくじしに |
|   | 3 しょくじするながら |
|   | 4 しょくじしながら |

| 9 | 1 つくって　ください |
|---|---|
|   | 2 つくりませんでした |
|   | 3 食べたり　しました |
|   | 4 食べましょう |

| 10 | 1 行きたいです |
|---|---|
|   | 2 行きません |
|   | 3 行って　います |
|   | 4 行かないで　ください |

111ページで こたえを かくにん！

得点　／10

◆ P.168-169の解答　　1) 4　2) 2　3) 3　4) 1　5) 1　6) 3
　　　　　　　　　　　7) 4　8) 4

### ぶんぽう かいわひょうげん

≪店(みせ)で≫

A:いらっしゃませ。

B:この みかん、5こ ください。

A:はい。 200円(えん)です。

≪電話(でんわ)で≫

A:はい、山本(やまもと)です。

B:もしもし、西田(にしだ)と もうしますが、

　けいこさんを おねがいします。

A:はい。ちょっと おまちくださいね。

≪会社(かいしゃ)で①≫

A:ひるごはんを 買(か)って きます。

B:はい。いってらしゃい。

A:いってきます。

≪会社(かいしゃ)で②≫

A:だいじょうぶですか。

B:ねつが ありますから、今日(きょう)は もう 帰(かえ)ります。

A:そうですか。おだいじに。

≪会社(かいしゃ)で③≫

A:来週(らいしゅう)、タイへ 帰(かえ)ります。おせわに なりました。

B:タイでも がんばって くださいね。

A:はい、ありがとうございます。みなさんも おげんきで。

## Part 4
# まとめテスト

# 1回目 まとめテスト ❶

Test ❶
Bài kiểm tra tổng hợp ❶

まとめの テストに チャレンジだ!

【もじ・ごい】

もんだい1 ＿＿＿の ことばは どう かきますか。どう よみますか。

(6×2点＝12)

1 この 道は せまいです。
　1 かわ　　2 みち　　3 えき　　4 まち

2 ケーキを 半分 たべました。
　1 じっぷん　2 たくさん　3 ぜんぶ　4 はんぶん

3 きょうは じゅうがつ 八日です。
　1 よっか　　2 ようか　　3 このか　　4 ここのか

4 へやの そとで まっています。
　1 外　　2 比　　3 中　　4 空

5 きのう、しごとを やすみました。
　1 休みました　2 体みました　3 侏みました　4 件みました

6 ふるい ほんを すてます。
　1 日い　　2 占い　　3 古い　　4 早い

176

まとめテスト 1回目

もんだい2　(　)に　なにを　いれますか。

(6×2点＝12)

7 ここに　なまえを　(　　)ください。
　　1 とって　　2 あって　　3 かいて　　4 きいて

8 バスは　タクシーより　(　　)です。
　　1 ひくい　　2 くらい　　3 まずい　　4 おそい

9 うるさいですから、(　　)を　しめましょう。
　　1 にわ　　2 まど　　3 いけ　　4 かお

10 ここに　ほんが　5(　　)あります。
　　1 さつ　　2 まい　　3 はい　　4 ほん

11 ははに　(　　)を　かけます。
　　1 プレゼント　2 つくえ　　3 でんわ　　4 かさ

12 (　　)で　ケーキを　たべます。
　　1 コップ　　2 テープ　　3 ペット　　4 フォーク

177

【ぶんぽう・どっかい】

もんだい1　（　）に　何を　入れますか。

(5×2点＝10)

1　つくえの　上に　カメラ（　　）さいふが　あります。
　　1　に　　　2　は　　　3　を　　　4　や

2　ほっかいどうは　とうきょう（　　）さむいです。
　　1　から　　　2　まで　　　3　のほうが　　　4　より

3　くつを　（　　）、いえに　入ってください。
　　1　ぬいで　　　2　ぬいた　　　3　ぬいだり　　　4　ぬぎながら

4　来月、友だちに　（　　）東京へ　行きます。
　　1　会うと　　　2　会うより　　　3　会いに　　　4　会いたい

5　田中：今週　土よう日も　日よう日も　しごとが　あります。
　　山田：そうですか。（　　）。
　　1　おねがいします　　　2　たいへんですね
　　3　おげんきで　　　　　4　ちょうどですね

まとめテスト 1回目

## もんだい2　★に 何を 入れますか。

（5×2点＝10）

6　マリア：この 本は どうでしたか。
　アンナ：むずかしかったです。
　　　　　もっと ____ ____ ★ ____ です。
　　　1　本　　　2　読みたい　　3　が　　　4　おもしろい

7　____ ____ ★ ____ が ありません。
　　　1　は　　　2　に　　　3　テレビ　　　4　かいぎしつ

8　かぞくで 男の人 ____ ____ ★ ____ 。
　　　1　いません　　2　わたし　　3　は　　　4　しか

9　すこし ____ ____ ★ ____ 、きっさ店で
　コーヒーを 飲みませんか。
　　　1　あります　　2　じかん　　3　が　　　4　から

10　「ピアノ」 ____ ____ ★ ____ おもしろかったです。
　　　1　が　　　2　と　　　3　えいが　　　4　いう

179

| もんだい3 | つぎの ぶんしょうを 読んで、しつもんに こたえてください。

(3×2点＝6)

　先週 わたしは はじめて おきなわへ 行きました。 あねと いっしょに ひこうきで 行きました。
　おきなわは きれいな うみが あります。 わたしたちは かいがんで ゆっくり やすみました。 およぎたかったですが、あねも わたしも みずぎを もって いませんでした。 少し ざんねんでした。
　おきなわで おいしい 物を 食べました。 おきなわの 食べ物は 東京や おおさかと ちがいます。 とくに ラーメンや くだものが おいしかったです。
　おきなわは ことばも ちがいます。 「こんにちは」を 「はいさい」や 「はいたい」と 言います。
　わたしは おきなわの ことを もっと しりたくなりました。 来年、時間が あったら また 行きたいです。

まとめテスト 1回目

11 「わたし」は 先週 何を しましたか。
　1　おきなわで べんきょうしました。
　2　おきなわへ 帰りました。
　3　おきなわを りょこうしました。
　4　おきなわを あんないしました。

12 どうして ざんねんでしたか。
　1　ひこうきで 行ったから
　2　きれいな うみが あるから
　3　みずぎが なかったから
　4　食べ物が ちがうから

13 ぶんしょうと あっている ものを えらんで ください。
　1　わたしは おきなわに きょうみが あります。
　2　わたしは おきなわの ことを よく しっています。
　3　わたしは 東京や おおさかの 食べ物が 好きです。
　4　わたしと あねは 来年 おきなわに すみます。

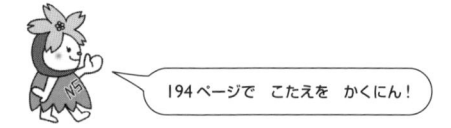

194ページで こたえを かくにん！

得点　　／50

# まとめテスト ❷

Test ❷
Bài kiểm tra tổng hợp ❷

2回目

まちがえたら ふくしゅうしよう。

【もじ・ごい】

**もんだい1**　＿＿＿の ことばは どう かきますか。どう よみますか。

（6×2点＝12）

1　でんしゃで 学校へ いきます。
　　1　かいしゃ　　2　だいがく　　3　がくせい　　4　がっこう

2　ちょっと 立って ください。
　　1　たって　　2　きって　　3　かって　　4　まって

3　この かばんは 安いです。
　　1　おもい　　2　かるい　　3　たかい　　4　やすい

4　あの かたは ひゃくさいです。
　　1　日　　2　白　　3　百　　4　目

5　あたらしい テレビを かいました。
　　1　新しい　　2　近しい　　3　親しい　　4　規しい

6　あした ともだちの いえへ いきます。
　　1　来きます　　2　行きます　　3　会きます　　4　帰きます

182

まとめテスト　2回目

**もんだい2**　＿＿＿の　ぶんと　だいたい　おなじ　いみの　ぶんは　どれですか。　　　　　　　　　　　　（4×2点＝8）

7　ここは　ちゅうしゃじょうです。
　　1　ここで　ひこうきに　のります。
　　2　ここで　かぐを　かいます。
　　3　ここに　くるまを　とめます。
　　4　ここで　えいがを　みます。

8　わたしの　いえは　とうきょうに　あります。
　　1　わたしは　とうきょうで　はたらきます。
　　2　わたしは　とうきょうで　ともだちと　あそびます。
　　3　わたしは　とうきょうに　でかけます。
　　4　わたしは　とうきょうに　すんでいます。

9　まいあさ　コーヒーを　のみます。
　　1　あさは　ぜんぜん　コーヒーを　のみません。
　　2　あさは　あまり　コーヒーを　のみません。
　　3　あさは　ときどき　コーヒーを　のみます。
　　4　あさは　いつも　コーヒーを　のみます。

10　ゆうびんきょくは　とおいです。
　　1　ゆうびんきょくは　おおきくないです。
　　2　ゆうびんきょくは　ちかくないです。
　　3　ゆうびんきょくは　あかるくないです。
　　4　ゆうびんきょくは　あたらしくないです。

【ぶんぽう・どっかい】

もんだい1　（　）に　何を　入れますか。　　　　　（6×2点＝12）

1　あかい　めがね（　　）　かけている　人は　山田さんです。
　　1　を　　　　2　に　　　　3　が　　　　4　の

2　（　　）　へやは　あたたかいです。
　　1　これ　　　2　ここ　　　3　この　　　4　こちら

3　田中：本田さんは　どこに　いますか。
　　山田：あそこです。　あそこで　おべんとうを　（　　）　よ。
　　1　たべます　　2　たべません　　3　たべました　　4　たべて　います

4　本田：かわいい　かばんですね。
　　北山：ありがとうございます。　これは　いもうとに　（　　）。
　　1　あげました　　2　おくりました　　3　くれました　　4　もらいました

5　今　しごと（　　）ですから　あとで　電話します。
　　1　後　　　　2　中　　　　3　間　　　　4　時

6　山田：おおさかまで　（　　）　いきましたか。
　　北山：でんしゃで　いきました。
　　1　なんで　　2　どうして　　3　どなた　　4　いくつ

**もんだい2** 7 から 12 に 何を 入れますか。　（6×2点＝12）

ニッカさんと ディッキーさんは 「しゅみ」の ぶんしょうを 書きました。

(1) ニッカさんの ぶんしょう

　　わたしは うたが 好きです。ときどき カラオケへ いきますが、じぶんの へや 7 がっこうでも うたいます。うたが 好きな 友だちと いつも いっしょに うたいますから、とても きもちが いいです。きのう 友だちは「二人で コンサートを しましょう」 8 。みなさん、わたしたちの うたを 9 きてください。

(2) ディッキーさんの ぶんしょう

　　わたしの しゅみは ダンスです。8さいから ダンスを ならって いました。ダンスの 先生は 10 おもしろい 人でした。その 先生が 大好きでしたから、毎日 れんしゅうを 11 。わたしは ダンスの 先生に 12 です。

7　1 が　　　2 も　　　3 や　　　4 の

8　1 と いいます　　　2 と いいました
　 3 を いいます　　　4 を いいました

9　1 きくに　　2 ききに　　3 きくと　　4 ききと

10　1 わかくて　2 わかいで　3 わかいしか　4 わかいながら

11　1 ありました　2 いました　3 しました　4 いきました

12　1 なったあと　2 なりたい　3 なってほしい　4 なるか

|もんだい3| つぎの ぶんしょうを 読んで、しつもんに こたえてください。

(2×3点＝6)

(1)

　3時から かいぎしつで かいぎが あります。わたしは コピーした かいぎの しりょうを もって、かいぎしつへ じゅんびを しに 来ました。でも かぎが かかっています。

|13| 今、1～4の どれですか。

1　わたしは かいぎしつの 中に います。そして しりょうは コピーして あります。

2　わたしは かいぎしつの 中に いますが、しりょうは まだ コピーして いません。

3　しりょうは まだ コピーして いません。そして かいぎしつは しまっています。

4　しりょうは コピーして ありますが、かいぎしつは しまっています。

まとめテスト 2回目

(2)

　きのう わたしは としょかんへ いきました。もうすぐ がっこうで テストが あります。としょかんは しずかですから わたしは よく そこで べんきょうします。きのうも 3時間ぐらい べんきょうしました。
　それから 友だちに あいました。友だちに かりた 本を かえした かったからです。

14 「わたし」は きのう 何を しましたか。

1 としょかんへ 本を かえしに いきました。
2 としょかんへ べんきょうしに いきました。
3 いっしょに べんきょうしたかったですから 友だちに あいました。
4 本を かりたかったですから 友だちに あいました。

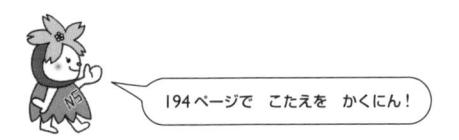

194ページで こたえを かくにん！

得点 ／50

# まとめテスト ❸

Test ❸
Bài kiểm tra tổng hợp ❸

3 回目

ここまで よく がんばったね。ブラボー!

## 【もじ・ごい】

もんだい1 ＿＿＿の ことばは どう かきますか。どう よみますか。

(6×2点＝12)

① いえの ちかくに ちいさい 店が あります。
　1 いけ　　2 はし　　3 みせ　　4 くるま

② いい 天気ですから でかけます。
　1 てき　　2 てんき　　3 ていき　　4 てっき

③ 二人で かいものを します。
　1 ふたり　　2 ふたつ　　3 ふつか　　4 ふつう

④ この てーぶるは すこし ひくいです。
　1 チーブレ　　2 チーブル　　3 テーブレ　　4 テーブル

⑤ でんわを つかっても いいですか。
　1 電話　　2 電車　　3 電気　　4 電信

⑥ ちちの ては おおきいです。
　1 目　　2 口　　3 手　　4 耳

まとめテスト　3回目

もんだい2　（　）に　なにを　いれますか。

(6×2点＝12)

7　あついですね。（　　）を　つけましょうか。
　　1　プール　　2　シャワー　　3　アパート　　4　エアコン

8　あには（　　）を　かぶっています。
　　1　めがね　　2　ぼうし　　3　かさ　　4　とけい

9　おとうとは　へやで　おんがくを（　　）います。
　　1　しめて　　2　あけて　　3　きいて　　4　かいて

10　（　　）で　くつを　ぬぎます。
　　1　げんかん　　2　まど　　3　かいだん　　4　しょくどう

11　（　　）を　したいです。
　　1　きっぷ　　2　りょこう　　3　ひこうき　　4　やすみ

12　ぎんこうの（　　）に　コンビニが　あります。
　　1　ばしょ　　2　ちず　　3　ちょうど　　4　となり

189

## 【ぶんぽう・どっかい】

**もんだい1** （　）に 何を 入れますか。

(5×2点＝10)

1　田中：これは　だれの　かさですか。
　　山田：わたし（　　）です。
　　　1　に　　　　2　と　　　　3　の　　　　4　で

2　きのう　どこも　（　　）。
　　　1　行きます　　　　　　2　行きません
　　　3　行きました　　　　　4　行きませんでした

3　田中：りょこうは　（　　）でしたか。
　　山田：いい　天気で　たのしかったです。
　　　1　どこ　　　2　どう　　　3　どんな　　　4　どうやって

4　しょくじを　（　　）えいがを　見ます。
　　　1　したまえに　　　　　2　してまえに
　　　3　したあとで　　　　　4　してあとで

5　中川さんは　4時（　　）帰りました。
　　　1　から　　　2　ごろ　　　3　など　　　4　ずつ

まとめテスト 3回目

**もんだい2** ＿＿★＿＿に 何を 入れますか。

（5×2点＝10）

6 ジョンさんは ＿＿＿ ＿＿＿ ★ ＿＿＿ です。
　　1 ひと　　2 あかるい　　3 で　　4 げんき

7 ＿＿＿ ＿＿＿ ★ ＿＿＿ とても 人が おおかったです。
　　1 行った　　2 は　　3 おとといい　　4 レストラン

8 山田：すみません、わたしの めがねは どこですか。
　　ヤン：めがねは ＿＿＿ ＿＿＿ ★ ＿＿＿ ありますよ。
　　1 上　　2 の　　3 に　　4 テレビ

9 ケイトさんは ＿＿＿ ＿＿＿ ★ ＿＿＿ いそがしいです。
　　1 に　　2 から　　3 なりました　　4 ゆうめい

10 中川：友だち ＿＿＿ ＿＿＿ ★ ＿＿＿ 会いますか。
　　ユリ：とうきょう駅です。
　　1 どこ　　2 と　　3 で　　4 は

191

**もんだい3** つぎの ぶんしょうを 読んで、しつもんに こたえてください。

(3×2点=6)

　きのう 友だちと 会って、しょくじを しました。 ひさしぶりでしたから たくさん 話して、たくさん 食べました。そして 電車で いえへ 帰りました。

　いえに ついてから、電車の 中で けいたい電話を なくしたと きが つきました。ルームメイトに 電話を かりて、(1)すぐに 電車の 会社に 電話を かけました。その 会社の 人は「電車に のっていた 人が みつけて もってきましたから けいたい電話は あります。 駅に とりに 来て ください。」と 言いました。

　けさ わたしは 駅に 行きました。電車に のっていた 人も 駅の 人も とても しんせつです。けいたい電話が かえってきて わたしは (2)うれしかったです。わたしは 駅の 人に「ありがとうございます」と 言いました。

　いえへ 帰ったら、きのう 会った 友だちに この けいたい電話の ことを メールしたいです。

まとめテスト 3回目

11 どうして (1)すぐに 電車の 会社に 電話を かけましたか。

1 ひさしぶりに 友だちと 電車で 会いましたから
2 電車に のっていた 人は しんせつでしたから
3 電車の 中で けいたい電話を みつけましたから
4 電車の 中で けいたい電話を なくしましたから

12 どうして (2)うれしかったですか。

1 友だちと 会いましたから
2 すぐに 電話しましたから
3 けいたい電話が ありましたから
4 電車に のっている 人は いつも やさしいですから

13 「わたし」は 後で 何を しますか。

1 けいたい電話を さがします。
2 けいたい電話を とりに 行きます。
3 駅の 人に おれいを 言います。
4 友だちに メールを おくります。

194ページで こたえを かくにん！

得点 /50

# まとめテスト解答

Test answers
Đáp án bài kiểm tra tổng hợp

## 1回目

【もじ・ごい】

もんだい1　[1] 2　[2] 4　[3] 2　[4] 1　[5] 1　[6] 3
もんだい2　[7] 3　[8] 4　[9] 2　[10] 1　[11] 3　[12] 4

【ぶんぽう・どっかい】

もんだい1　[1] 4　[2] 4　[3] 1　[4] 3　[5] 2
もんだい2　[6] 3　[7] 1　[8] 4　[9] 1　[10] 3
もんだい3　[11] 3　[12] 3　[13] 1

## 2回目

【もじ・ごい】

もんだい1　[1] 4　[2] 1　[3] 4　[4] 3　[5] 1　[6] 2
もんだい2　[7] 3　[8] 4　[9] 4　[10] 2

【ぶんぽう・どっかい】

もんだい1　[1] 1　[2] 3　[3] 4　[4] 4　[5] 2　[6] 1
もんだい2　[7] 3　[8] 2　[9] 2　[10] 1　[11] 3　[12] 2
もんだい3　[13] 4　[14] 2

## 3回目

【もじ・ごい】

もんだい1　[1] 3　[2] 2　[3] 1　[4] 4　[5] 1　[6] 3
もんだい2　[7] 4　[8] 2　[9] 3　[10] 1　[11] 2　[12] 4

【ぶんぽう・どっかい】

もんだい1　[1] 3　[2] 4　[3] 2　[4] 3　[5] 2
もんだい2　[6] 2　[7] 4　[8] 1　[9] 3　[10] 1
もんだい3　[11] 4　[12] 3　[13] 4

# さくいん

## □ あ
- あいます .................. 82
- あかるい .................. 94
- あき ........................ 45
- あきます .................. 82
- あけます .................. 82
- あげます .................. 82
- あさ ........................ 46
- あさごはん .............. 71
- あさって .................. 44
- あし ........................ 58
- あした ...................... 44
- あそびます .............. 82
- あたたかい .............. 94
- あたま .................... 58
- あたらしい .............. 94
- あつい ...................... 94
- ～あとで .................. 47
- あなた .................... 54
- あに ........................ 55
- アニメ ...................... 75
- あね ........................ 55
- アパート .................. 78
- あびます .................. 82
- あぶない .................. 98
- あまい ...................... 98
- あまり……ません ...... 91
- あめ ........................ 70
- あらいます .............. 82
- あります .................. 82
- あるきます .............. 82

## □ い
- いい ........................ 94
- いいます .................. 82
- いえ ........................ 62
- いきます .................. 82
- いけ ........................ 63
- いしゃ .................... 55
- いす ........................ 66
- いそがしい .............. 98
- いたい ...................... 98
- いち（1） ................ 50
- いちがつ .................. 44
- いちばん ................ 102
- いつ ........................ 47
- いつか .................... 45

- いつか .................... 47
- いっしょ（に） ...... 102
- いつつ .................... 50
- いつも .................... 47
- いつも .................... 91
- いぬ ........................ 70
- いま ........................ 47
- います .................... 82
- いみ ........................ 74
- いもうと .................. 55
- いもうとさん .......... 55
- いります .................. 82
- いれます .................. 82
- いろいろ .................. 99

## □ う
- うえ ........................ 59
- うしろ .................... 59
- うすい .................... 94
- うた ........................ 75
- うたいます .............. 83
- うまれます .............. 83
- うみ ........................ 70
- うります .................. 83
- うるさい .................. 98
- うれしい .................. 98
- うわぎ .................... 67

## □ え
- え ............................ 75
- エアコン .................. 78
- えいが .................... 75
- えいがかん .............. 63
- えいご .................... 74
- えき ........................ 63
- エレベーター .......... 78
- ～えん .................... 51
- えんぴつ .................. 66

## □ お
- おいしい .................. 94
- おおい .................... 94
- おおきい .................. 94
- おおぜい ................ 102
- おかあさん .............. 55
- おかし .................... 71
- おかね .................... 66

- おきます（起きます）...... 83
- おきます（置きます）...... 83
- おさけ .................... 71
- おさら .................... 71
- おじ ........................ 55
- おじいさん .............. 55
- おしえます .............. 83
- おじさん .................. 55
- おそい .................... 95
- おちゃ .................... 71
- おてあらい .............. 62
- おとうさん .............. 55
- おとうと .................. 55
- おとうとさん .......... 55
- おとこ .................... 54
- おとこのこ .............. 54
- おととい .................. 44
- おととし .................. 44
- おとな .................... 54
- おなか .................... 58
- おなじ .................. 102
- おにいさん .............. 55
- おねえさん .............. 55
- おば ........................ 55
- おばあさん .............. 55
- おばさん .................. 55
- おふろ .................... 62
- おべんとう .............. 71
- おぼえます .............. 83
- おもい .................... 95
- おもしろい .............. 95
- およぎます .............. 83
- おります .................. 83
- おわります .............. 83
- おんがく .................. 75
- おんな .................... 54
- おんなのこ .............. 54

## □ か
- ～かい .................... 50
- がいこく .................. 75
- かいしゃいん .......... 55
- かいだん .................. 62
- かいます .................. 83
- かいもの .................. 75
- かえします .............. 83
- かえります .............. 83

195

| | |
|---|---|
| かお | 58 |
| かかります | 83 |
| かぎ | 66 |
| かきます | 83 |
| がくせい | 55 |
| ～かげつ | 46 |
| （めがねを）かけます | 83 |
| （でんわを）かけます | 83 |
| かさ | 66 |
| かします | 83 |
| かぜ | 58 |
| かぜ | 70 |
| かぞく | 55 |
| カタカナ | 74 |
| がっこう | 63 |
| かど | 59 |
| かばん | 66 |
| かびん | 66 |
| かぶります | 83 |
| カメラ | 78 |
| かようび | 45 |
| からい | 98 |
| からだ | 58 |
| かります | 83 |
| かるい | 95 |
| カレンダー | 45 |
| かわ | 70 |
| ～がわ | 59 |
| かわいい | 98 |
| かんじ | 74 |
| かんたん | 99 |

□ き

| | |
|---|---|
| き | 70 |
| きえます | 86 |
| ききます | 86 |
| きた | 59 |
| ギター | 78 |
| きたない | 98 |
| きっさてん | 63 |
| きって | 66 |
| きっぷ | 75 |
| きのう | 44 |
| きます（着ます） | 86 |
| きます（来ます） | 86 |
| きゅう（9） | 50 |
| ぎゅうにゅう | 71 |

| | |
|---|---|
| きょう | 44 |
| きょうしつ | 62 |
| きょうだい | 55 |
| きょねん | 44 |
| きらい | 99 |
| きります | 86 |
| きれい | 99 |
| キロ（グラム） | 50 |
| キロ（メートル） | 50 |
| ぎんこう | 63 |
| きんようび | 45 |

□ く

| | |
|---|---|
| く（9） | 50 |
| くがつ | 44 |
| くすり | 58 |
| くだもの | 71 |
| くち | 58 |
| くつ | 67 |
| くつした | 67 |
| くに | 75 |
| くもり | 70 |
| くらい | 94 |
| クラス | 78 |
| グラム | 50 |
| くるま | 75 |

□ け

| | |
|---|---|
| けいかん | 55 |
| ケーキ | 71 |
| ゲーム | 75 |
| けさ | 46 |
| けしゴム | 66 |
| けします | 86 |
| げつようび | 45 |
| げんかん | 62 |
| げんき | 99 |

□ こ

| | |
|---|---|
| ～こ | 51 |
| ご（5） | 50 |
| ～ご | 74 |
| こうえん | 63 |
| こうばん | 63 |
| こえ | 75 |
| コート | 67 |
| コーヒー | 71 |

| | |
|---|---|
| ごがつ | 44 |
| ごご | 46 |
| ここのか | 45 |
| ここのつ | 50 |
| ごぜん | 46 |
| こたえ | 74 |
| こたえます | 86 |
| コップ | 78 |
| ことし | 44 |
| ことば | 74 |
| こども | 54 |
| コピー | 78 |
| こまります | 86 |
| ～ころ | 47 |
| ～ごろ | 47 |
| こんげつ | 44 |
| こんしゅう | 44 |
| こんばん | 46 |

□ さ

| | |
|---|---|
| ～さい | 51 |
| さいふ | 66 |
| さかな | 70 |
| さきに | 102 |
| さきます | 86 |
| さくぶん | 74 |
| ～さつ | 51 |
| ざっし | 66 |
| さとう | 71 |
| さびしい | 98 |
| さむい | 94 |
| さらいねん | 44 |
| さん（3） | 50 |
| ～さん | 54 |
| さんがつ | 44 |
| ざんねん | 99 |

□ し

| | |
|---|---|
| し（4） | 50 |
| ～じ | 46 |
| CDデッキ | 78 |
| しお | 71 |
| しがつ | 44 |
| じかん | 46 |
| ～じかん | 46 |
| じこしょうかい | 54 |
| しごと | 55 |

さくいん

| | | | | | |
|---|---|---|---|---|---|
| じしょ | 74 | スリッパ | 67 | □ち | |
| しずか | 99 | すわります | 87 | ちいさい | 94 |
| した | 59 | | | ちかい | 95 |
| しち（7） | 50 | □せ | | ちがいます | 87 |
| しちがつ | 44 | せ | 58 | ちかく | 59 |
| じてんしゃ | 75 | セーター | 67 | ちかてつ | 75 |
| じどうしゃ | 75 | せっけん | 66 | ちず | 63 |
| します | 86 | せまい | 95 | ちち | 55 |
| しまります | 86 | ゼロ（0） | 50 | ～ちゅう | 47 |
| しめます | 86 | セロハンテープ | 78 | ちゅうしゃじょう | 75 |
| しゃしん | 75 | せん（1000） | 50 | ちょうど | 102 |
| シャツ | 67 | せんげつ | 44 | ちょっと | 102 |
| シャワー | 78 | せんしゅう | 44 | | |
| じゅう（10） | 50 | せんせい | 55 | □つ | |
| ～じゅう | 47 | ぜんぜん……ません | 91 | ～つ | 50 |
| じゅういちがつ | 44 | ぜんぶ | 102 | ついたち | 45 |
| じゅうがつ | 44 | | | つかいます | 87 |
| ～しゅうかん | 46 | □そ | | つかれます | 87 |
| ジュース | 71 | そと | 59 | つぎ | 103 |
| じゅうにがつ | 44 | そば | 59 | つきます | 87 |
| じゅぎょう | 74 | そら | 70 | つくえ | 66 |
| しゅくだい | 74 | | | つくります | 87 |
| しゅみ | 75 | □た | | つけます | 87 |
| じょうず | 99 | ～だい | 51 | つとめます | 87 |
| じょうぶ | 99 | だいがく | 63 | つまらない | 95 |
| しょうゆ | 71 | たいしかん | 63 | | |
| しょくどう | 62 | だいじょうぶ | 99 | □て | |
| しります | 86 | たいせつ | 99 | て | 58 |
| ～じん | 54 | だいどころ | 62 | テープ | 78 |
| しんぱい | 99 | たいへん | 99 | テーブル | 78 |
| しんぶん | 66 | たかい | 95 | でかけます | 87 |
| | | たくさん | 102 | てがみ | 66 |
| □す | | タクシー | 78 | テスト | 78 |
| すいます | 86 | だします | 87 | デパート | 63 |
| すいようび | 45 | ～たち | 54 | テレビ | 79 |
| スカート | 67 | たちます | 87 | てんき | 70 |
| すき | 99 | たてもの | 63 | でんき | 66 |
| すぐ（に） | 102 | たのしい | 98 | でんしゃ | 75 |
| すくない | 94 | たのみます | 87 | でんわ | 66 |
| すこし | 102 | たぶん | 102 | | |
| すし | 71 | たべます | 87 | □と | |
| すずしい | 94 | たべもの | 71 | と | 62 |
| ストーブ | 78 | たまご | 71 | ～ど | 51 |
| スプーン | 78 | たんじょうび | 45 | ドア | 62 |
| スポーツ | 75 | だんだん | 102 | トイレ | 62 |
| ズボン | 67 | | | どうぶつ | 70 |
| すみます | 86 | | | とお（10） | 50 |

197

| | | |
|---|---|---|
| とおい……95 | □ ね | □ ひ |
| とおか……45 | ネクタイ……67 | ピアノ……79 |
| 〜とき……47 | ねこ……70 | ひがし……59 |
| ときどき……91 | ねます……90 | 〜ひき……51 |
| とけい……66 | | ひきます……90 |
| ところ……59 | □ の | ひくい……95 |
| としょかん……63 | ノート……74 | ひこうき……75 |
| とても……103 | のぼります……90 | ひだり……59 |
| となり……59 | のみます……90 | ひと……54 |
| とびます……87 | のります……90 | ひとつ……50 |
| とまります……87 | | ひとり……50 |
| ともだち……54 | □ は | ひま……99 |
| どようび……45 | は……58 | ひゃく（100）……50 |
| とり……70 | 〜はい……51 | びょういん……63 |
| とります（撮ります）……87 | パーティー……79 | びょうき……58 |
| とります（取ります）……87 | はいります……90 | ひらがな……74 |
| | はがき……66 | ひる……46 |
| □ な | はきます……90 | ビル……79 |
| ナイフ……79 | はこ……66 | ひろい……95 |
| なか……59 | はし……63 | |
| ながい……95 | はし……71 | □ ふ |
| なきます……87 | はじまります……90 | フィルム……79 |
| なくします……87 | はじめ……103 | ふうとう……67 |
| なつ……45 | はじめて……103 | プール……79 |
| なつやすみ……45 | はしります……90 | フォーク……79 |
| なな（7）……50 | バス……79 | ふきます……90 |
| ななつ……50 | パソコン……75 | ふく……67 |
| なのか……45 | はたらきます……90 | ふたつ……50 |
| なまえ……54 | はち（8）……50 | ふたり……50 |
| ならいます……87 | はちがつ……44 | ふつか……45 |
| ならべます……90 | はな……58 | ふとい……95 |
| なります……90 | はな……70 | ふべん……99 |
| | はなし……75 | ふゆ……45 |
| □ に | はなします……90 | ふります……91 |
| に（2）……50 | はは……55 | プリンター……79 |
| にがつ……44 | はやい……95 | ふるい……94 |
| にぎやか……99 | はります……90 | 〜ふん……46 |
| にく……71 | はる……45 | ぶんしょう……74 |
| にし……59 | はれ……70 | |
| にちようび……45 | 〜はん……46 | □ へ |
| にもつ……75 | パン……71 | ページ……79 |
| ニュース……79 | ばん……46 | へた……99 |
| にわ……62 | ハンカチ……79 | ベッド……79 |
| 〜にん……50 | ばんごう……74 | ペット……79 |
| | はんぶん……103 | へや……62 |
| □ ぬ | | ペン……67 |
| ぬぎます……90 | | べんきょう……74 |

198

# さくいん

べんり ..................................... 99

□ ほ
ぼうし ...................................... 67
ボールペン ............................... 67
ほか ....................................... 103
ポケット ................................... 79
ポスト ...................................... 63
ほそい ...................................... 95
ボタン ...................................... 79
ホッチキス ............................... 79
ホテル ...................................... 63
～ほん ..................................... 51
ほんだな .................................. 67
ほんとう（に）........................ 103

□ ま
～まい ..................................... 51
まいしゅう ............................... 44
まいつき .................................. 44
まいとし .................................. 44
まいにち .................................. 44
まえ ......................................... 59
～まえ ..................................... 47
まがります ............................... 91
まずい ...................................... 94
また ....................................... 103
まだ ....................................... 103
まちがえます ........................... 91
まちます .................................. 91
まっすぐ ................................. 103
まど ......................................... 62
まるい ...................................... 98
まん ......................................... 50

□ み
みがきます ............................... 91
みぎ ......................................... 59
みじかい ................................... 95
みせ ......................................... 63
みせます .................................. 91
みち ......................................... 63
みっか ...................................... 45
みっつ ...................................... 50
みなさん .................................. 54
みなみ ...................................... 59
みます ...................................... 91

みみ ......................................... 58
みんな ...................................... 54

□ む
むいか ...................................... 45
むこう ...................................... 59
むずかしい ............................... 95
むっつ ...................................... 50
むり ......................................... 99

□ め
め ............................................. 58
メートル .................................. 50
メール ...................................... 79
メールアドレス ........................ 79
めがね ...................................... 67

□ も
もう ....................................... 103
もう（いちど）...................... 103
もくようび ............................... 45
もちます .................................. 91
もっと ................................... 103
もん ......................................... 62
もんだい .................................. 74

□ や
～や ......................................... 63
やさい ...................................... 71
やさしい ................................... 95
やすい ...................................... 95
やすみ ...................................... 75
やすみます ............................... 91
やっつ ...................................... 50
やま ......................................... 70

□ ゆ
ゆうがた .................................. 46
ゆうびんきょく ........................ 63
ゆうべ ...................................... 46
ゆうめい .................................. 99
ゆき ......................................... 70
ゆっくり（と）...................... 103

□ よ
ようか ...................................... 45
ようふく .................................. 67

よく ................................... 91,103
よく（できる）...................... 103
よこ ......................................... 59
よっか ...................................... 45
よっつ ...................................... 50
よる ......................................... 46
よん（4）................................ 50

□ ら
ラーメン .................................. 79
らいげつ .................................. 44
らいしゅう ............................... 44
らいねん .................................. 44
ラジオ ...................................... 79

□ り
りっぱ ...................................... 99
りゅうがくせい ........................ 55
りょうしん ............................... 55
りょうり .................................. 71
りょこう .................................. 75

□ れ
れい（0）................................ 50
れいぞうこ ............................... 67
レストラン ............................... 63

□ ろ
ろうか ...................................... 62
ろく（6）................................ 50
ろくがつ .................................. 44

□ わ
わかい ...................................... 98
わかります ............................... 91
わすれます ............................... 91
わたし ...................................... 54
わたります ............................... 91
わるい ...................................... 94

199

### 15日間で確実な基礎固め！
### 日本語能力試験対策　N5 もじ・ごい・ぶんぽう
Preparation for The Japanese Language Proficiency Test

2016年10月30日　第1刷発行
2025年6月30日　第5刷発行

| 著　者 | 遠藤ゆう子 |
|---|---|
| 監　修 | 遠藤由美子 |
| 発行者 | 前田俊秀 |
| 発行所 | 株式会社三修社 |
| | 〒150-0001　東京都渋谷区神宮前2-2-22 |
| | TEL. 03-3405-4511　FAX. 03-3405-4522 |
| | 振替 00190-9-72758 |
| | https://www.sanshusha.co.jp |
| | 編集担当　藤谷寿子 |
| 編集協力 | 浅野未華　関利器 |
| カバーデザイン | 大郷有紀（株式会社ブレイン） |
| 編集・DTP | 有限会社ファー・インク |
| 印刷製本 | 倉敷印刷株式会社 |

© 2016 ARC Academy　Printed in Japan　ISBN978-4-384-05780-5 C2081

JCOPY 〈出版者著作権管理機構 委託出版物〉

本書の無断複製は著作権法上での例外を除き禁じられています。複製される場合は、そのつど事前に、出版者著作権管理機構（電話 03-5244-5088 FAX 03-5244-5089 e-mail: info@jcopy.or.jp）の許諾を得てください。